KiWi 529

Über das Buch
Gedichte von Charles Bukowski aus seinen letzten Jahren,
Schnappschüsse aus seinem Leben, vertraute und neue
Bilder – L. A., die Bars, die schmuddeligen Hotels, die
Highways und die Rennbahn. Und immer wieder: Citizen
Hank.

Über den Autor
Charles Bukowski, 1920 in Andernach geboren, lebte seit
seinem dritten Lebensjahr in Los Angeles, wo er am 9. März
1994 starb. Nach Jobs als Tankwart, Schlachthof- und
Hafenarbeiter begann er mit 35 Jahren zu schreiben und
veröffentlichte über 40 Prosa- und Lyrikbände.

Weitere Titel bei K & W
Der Mann mit der Ledertasche. Roman. KiWi 11, 1982. *Das
Liebesleben der Hyäne.* Roman. 1984, KiWi 98, 1986.
Flinke Killer. Gedichte. KiWi 65, 1985. *Pacific Telephone.*
51 Gedichte. KiWi 76, 1985. *Hot Water Music.* Erzählungen.
1985, KiWi 171, 1988. *Die Girls im grünen Hotel.* 51
Gedichte. KiWi 87, 1985. *Die letzte Generation.* Gedichte
1981–1984. KiWi 157, 1988. *Roter Mercedes.* Gedichte.
KiWi 183, 1989. *Hollywood.* Roman. 1990. *Jeder zahlt
drauf.* Stories. 1993. *Kamikaze-Träume.* Gedichte. KiWi
360, 1994. *Ausgeträumt.* Roman. 1995. *Auf dem Stahlroß ins
Nirvana.* Gedichte. KiWi 414, 1996.

CHARLES
BUKOWSKI

Umsonst ist der Tod

Gedichte 1992–1993

Deutsch von
Carl Weissner

Kiepenheuer & Witsch

1. Auflage 1999

Titel der amerikanischen Originalausgabe:
Betting on the Muse (Auswahl)
© 1996 by Linda Lee Bukowski
Deutsch von Carl Weissner
© 1999 by Verlag Kiepenheuer & Witsch, Köln
Umschlaggestaltung Philipp Starke, Hamburg
Umschlagfoto Photonica/Doug Plummer
Satz Greiner & Reichel, Köln
Druck und Bindearbeiten Clausen & Bosse, Leck
ISBN 3-462-02810-3

Für
Linda Lee

INHALT

NOCH SO EIN SCHWARZES SCHAF

Mein Onkel Ben hatte
eine Schwäche für Damen
von der Straße, fuhr oft
in seinem Ford Model-A
bei uns vor und kam
mit seiner neuesten
Eroberung herein.
Sie saßen auf der Couch und
machten Konversation; dann
ging er mit meinem Vater
nach nebenan.

»Komm, Henry«, sagte er
»pump mir schnell zwei
Dollar.«

»Du Nichtsnutz!« sagte
mein Vater jedesmal.
»Besorg dir 'n Job!«

»Henry! Ich versuchs ja!
Ich hab mich heut schon
sechsmal vorgestellt!«

»Hast du nicht! Du
brauchst bloß Geld
für diese Nutte!«

Zwei Dollar war damals
der Standardpreis für
eine Nummer.

»Nee, Bruder, mir hängt
der *Magen* durch.«

»Du willst sie nur
auf die Matratze
kriegen! Wo gabelst du
die Weiber immer auf?«

»Schscht … sie ist ne
Lady. Schauspielerin!«

»Schaff sie raus! Wir
wollen diese Sorte
hier nicht haben!«

»Henry. Zwei Dollar …«

»Schaff sie mir aus den
Augen, oder ich schmeiß sie
raus!«

Mein Onkel kam ins
Wohnzimmer zurück.

»Komm, Clara, wir gehn …«

Sie gingen zusammen
raus. Wir hörten, wie der
Ford ansprang und
wegfuhr.

Sofort lief meine Mutter
durchs Haus und riß
sämtliche Türen und
Fenster auf.

»Sie stinkt! Nach billigem
Parfüm! Widerlich! Dieses
billige Parfüm!«

»Wir müssen die ganze
Bude ausräuchern!« schrie
mein Vater.

Jedesmal die gleiche
Szene: Nach ein paar
Tagen oder einer Woche
fuhr der Model-A vor
und Onkel Ben schleppte
die nächste an.

»Komm schon, Henry. Bloß
zwei Dollar …«

Ich sah nie, daß er
seine zwei Dollar bekam.
Trotzdem versuchte er es
immer wieder.

»Was sind diese Weiber
häßlich!« zeterte meine
Mutter.

»Ist mir ein Rätsel
wo er die immer aufgabelt«
meinte mein Vater.
»Oder woher er
das Benzin für seine
Karre hat!«

Sie setzten sich hin
und für den Rest des Tages
lastete eine düstere Stimmung
auf den beiden. Sie sagten
nichts mehr. Es gab nichts
mehr zu tun. Stumm
saßen sie da und dachten
daran, wie gräßlich es
gewesen war – daß diese Frau
es gewagt hatte, in ihr Leben
einzudringen und sie allein
zu lassen mit ihrem Geruch
und der Erinnerung an
ihr Lachen.

STURZFLUG

Du denkst, das ist
nur ein Gedicht.
Falsch.
Es ist ein Tramp
mit einem Messer.
Eine Tulpe. Ein Soldat
auf dem Marsch durch
Madrid. Du auf deinem
Sterbebett.
Li Po, der lacht
in seinem Grab.
Es ist kein gott-
verdammtes Gedicht.
Es ist ein schlafendes
Pferd.
Ein Schmetterling
in deinem Hirn. Der
Zirkus des Teufels.
Du liest nicht etwas
auf einem Blatt
Papier.
Es liest
dich.
Spürst du es?
Wie eine Kobra.
Wie ein Adler, der
auf der Suche nach Beute
durchs Zimmer segelt.

Dies ist kein Gedicht.
Gedichte langweilen und
schläfern ein.

Das hier zwingt dich
in einen neuen
Wahnsinn.

Du hast Glück im
Unglück. Du bist
geblendet von
Licht.

Du kannst träumen
wie ein Elefant.
Die Krümmung des Raums
biegt sich vor
Lachen.

Jetzt kannst du
sterben. Du kannst
sterben, wie es
sein sollte –
groß und siegreich
im riesigen Sound
der Musik.

WHISTLER

»Und dann«, sagte sie
»kam plötzlich noch
jemand. Alle redeten ihn
nur mit ›Edgar‹ an. Er war
Maler. Post-Impressionist.
Und ganz in Schwarz.
Einfach umwerfend. Er
hatte einen breitkrempigen
schwarzen Hut, einen
ziemlich hohen Kragen und
eine Lavaliere, wie sie nur
Künstler tragen. Sogar ein
schwarzes Cape. Er sah aus
wie Whistler.
Er mußte schon weit
über Sechzig sein, aber
er war ein außergewöhnlich
gutaussehender Mann.
Er brachte einen dicken
Strauß Veilchen mit – *c'était*
à la mode, des violettes
de Parme – Veilchen aus Parma
das sind blaßblaue Veilchen –
und er war eine imposante
Erscheinung.«

Als alle gegangen waren
fragte ich meine Großmutter:

»Und wer ist das gewesen?«
»Ach, so ein Maler«
sagte sie.

Aber in Wirklichkeit
meinte sie: *»Ah, mais
oui, c'était un artiste!«*

Und prompt sagte ich
»Ah, moi aussi.«

*Ach je. Gott oder
sonstwer steh uns bei
und bewahre uns vor
dieser Sorte, die schon
Jahrhunderte verseucht
hat. Kein Wunder
daß wir uns in Tierliebe
flüchten. Kein Wunder
daß wir unsere Nächte
sinnlos verpennen.*

DIE FREUDEN DER VERDAMMTEN

Die Freuden der Verdammten
beschränken sich auf kurze
Augenblicke des Glücks:
Ein Hundeblick
ein Stück Wachs
ein Brand, der das
Rathaus vernichtet
das Land
den Kontinent;
das brennende Haar von
Jungfern und Monstern;
Bussarde in Pfirsichbäumen;
das Meer zerrinnt zwischen
ihren Klauen; die Zeit
betrunken und verschwitzt;
alles in Flammen
alles klitschnaß
alles bestens.

DIE SCHNECKEN

Meine Mutter stand am
Fenster und beobachtete
meinen Vater draußen im
Garten. Er kniete
zwischen den Blumen;
völlig regungslos und
angespannt.

»Was *macht* er
denn da?« fragte
sie.

»Keine Ahnung.«

»Schau doch, er
hockt nur da und
rührt sich nicht.«

»Mhm.«

»Ich seh mal nach
was das soll.«

Sie ging raus und
schlich sich leise
von hinten an.
Dann – ein spitzer
Schrei.

Sie kam ins Haus gelaufen
und war total aufgelöst.
»Mein Gott, mein Gott
mein Gott!«

»Was'n los?«

»Was los ist?
Er sieht zwei
Schnecken zu
die's miteinander
treiben!«

Sie ließ einen langen
gräßlichen Schrei los.
Tränen liefen ihr
übers Gesicht.

Mein Vater kam herein.
»Ach, hör bloß auf!«
blaffte er.

»Warum hast du das
getan? Warum siehst du
dir so was an?!«

»Halt die Luft an
hab ich gesagt!«

Ich drehte mich um
ging in mein Zimmer

und machte die Tür
hinter mir zu.

Ich hörte, wie sie
sich anschrien.
Es nahm kein Ende.
Etwas aus Glas
flog an die Wand
und zerschellte. Die
Haustür knallte zu.

Ich ging nach vorn.
Meine Mutter hockte
auf der Couch und
die Tränen liefen
ihr runter.

Sie schaute hoch.
»Warum hat er das
gemacht? Warum macht
er so was?«

»Weiß ich doch nicht«
sagte ich und verzog
mich wieder in mein
Zimmer.

UND WIEDER

Das Gebiet ist erobert
die Opferlämmer sind geschlachtet
die Geschichtsschreiber ritzen es
wieder in die fahlen Mauern ein
die Bankiers rackern ums Überleben
die Mädchen malen sich die
hungrigen Lippen an
die Hunde genießen einen
kurzen trügerischen Frieden
und der nächste Schatten
wartet schon, daß er sich
senken kann.
Die Ozeane verschlucken sich
am Gift des Menschen
Himmel und Hölle tanzen
im Vorzimmer
und es heißt wieder
anfangen und weitermachen –
den Apfel backen
das Auto kaufen
den Rasen mähen
die Steuern zahlen
das Klopapier an die
Wand hängen
die Zehennägel schneiden
den Grillen zuhören
die Luftballons aufblasen
den Orangensaft trinken

die Vergangenheit vergessen
den Senf rüberreichen
die Rollos runterziehen
die Tabletten einnehmen
den Reifendruck nachsehen
die Boxhandschuhe schnüren.
Der Gong scheppert
die Perle ist in der Auster
der Regen fällt
und wieder wird sich
der Schatten auf alles
senken.

DER ERSTE WELTKRIEG IM KINO

Das waren die besten Filme. Die Flieger
zechten jeden Abend an der Bar, stritten sich
um die ein oder zwei Blondinen, aber ritterlich,
denn schon am nächsten Morgen konnten sie
draufgehen, wenn sie in ihren Spads
Jagd auf die Fokkers machten; also drängten
sie sich an der Bar und tranken ex.

Wir Jungs waren begeistert von diesen
Männern; sie waren nicht wie unsere
Väter, sie lachten und kämpften
und liebten raffinierte Blondinen
in hautengen langen Kleidern.

Jeder Morgen versprach neuen Ruhm.
Sie gingen raus zu ihren Spads und
zurrten die Fliegerbrillen fest; die
Halstücher aus weißer Seide, lässig
geschlungen, wehten im Wind; ein
Grinsen, ein kurzer Wink, und sie
hoben ab und stiegen auf in den
blauen Himmel.

Die Deutschen flogen sehr hoch
und wenn sie die Spads durch ein Loch
in den Wolken sahen, gab der Kommodore
das Zeichen; mit brüllenden Motoren
stießen sie herab, und ihre MGs

spuckten Feuer. Die Spads hatten
mit ihnen gerechnet, aber eine war
schon getroffen und stürzte brennend
ab – meistens war es der Pilot
der an der Bar die besten Witze
erzählte – seine Hände fuchtelten
in den Flammen, Öl verkleisterte seine
Brille – konnte er noch aussteigen
und mit dem Fallschirm abspringen?
Nein, es war zu spät: Die Spad
raste gegen einen Berg und explodierte
in einem Feuerball.

Es gab spektakuläre Zweikämpfe, der Held
hatte eine Fokker im Nacken, mußte einen
Immelmann fliegen, um sie abzuschütteln
dann hatte er den anderen im Visier, die
Kugeln fetzten durch die Bespannung
dem Deutschen schoß ein Schwall Blut
aus dem aufgerissenen Mund, und seine
Kiste stürzte mit ohrenbetäubendem
Jaulen ab.

Die Zweikämpfe waren aufregend und
dauerten lange, aber die Deutschen
verloren jedesmal, nur einer oder
zwei kamen schwer ramponiert davon
und das wars dann.

Die Spads formierten sich zum
Rückflug. Das war immer sehr

dramatisch, denn manche waren
bös zerschossen und konnten sich
nur mit Mühe in der Luft halten.
Oft hatte auch der Pilot drei oder
vier Kugeln erwischt, aber er war
eisern entschlossen, den Vogel
zurückzubringen und eine sichere
Landung hinzulegen.

Das Bodenpersonal stand auf dem
Rollfeld und zählte die Spads
sobald sie auszumachen waren –
Eins, zwei ... 6, 7, 8 ... aber es
waren zehn gewesen ...
Das machte den Jungs arg zu
schaffen. Zuerst setzten die
Zerfledderten zur Landung an;
dann kamen die anderen. Das
ganze Kino trauerte mit.

Doch am Abend standen die
Überlebenden wieder an der Bar
und wetteiferten um die Gunst
der raffinierten Blondinen.
Selbst die Verwundeten waren
da; sie hatten den Arm in der
Schlinge oder den Kopf
bandagiert, aber sie tranken
und brachten die Blondinen
zum Lachen.

Vor den Filmpalästen waren
Teile von Spads ausgestellt
– ein Propeller, eine ganze
Tragfläche – und nachts
strichen Suchscheinwerfer
über den Himmel; man konnte es
meilenweit sehen.

Wir waren vernarrt in die Filme
über den ersten Weltkrieg und
bauten unsere eigenen Spads
und Fokkers aus Balsa; die
Bausätze kosteten meistens
25 Cents, was in den dreißiger
Jahren viel Geld war; trotzdem
hatte jeder sein eigenes
Modell.

Wir hatten es eilig, erwachsen
zu werden. Wir wollten Kampf-
piloten werden, wollten die
raffinierten Blondinen, wollten
an der Bar lehnen und einen
Whisky kippen, als wäre
nichts gewesen.

Mit unseren Modellflugzeugen
veranstalteten wir Luftkämpfe
die manchmal in Schlägereien
ausarteten. Wir kämpften
bis wir blutig und zerschrammt
waren, denn es ging um
unsere Ehre ...

Unsere Väter sahen zu
und gähnten.

IN EINER SEIFENKISTE
AUF DER ACHTERBAHN

Was dieser populäre Spruch
bedeuten sollte, war mir
schleierhaft, als ich mit
fünfzehn an Straßenecken
rumhing, Zigarette im
Mundwinkel, und den Halbstarken
mimte. Ein Bier ergattern oder
mal einen Whisky, das war schon
der Sinn des Lebens, nur daß
keiner Geld hatte, die Väter
nicht, die Söhne erst recht nicht
also blufften wir und gaben uns
abgebrüht, was blieb denn sonst;
wir trieben uns rum, gaben mit
prallem Bizeps an, auch mal
am Strand, aber die Mädchen
hielten sich an die reichen
Kerle, selbst in der schlechten
Zeit gabs noch reiche Typen
sie fuhren in kanariengelben Kabrios
an den Straßenrand und hielten
lachend den Schlag auf; ich hätte
jeden von ihnen fertigmachen können
aber die Girls hatten dafür keinen
Sinn, sie stiegen ein und fuhren
mit wehenden Haaren davon; es war
eine beschissene Zeit für

uns – Eckensteher mit harten
Muskeln, Glimmstengel im
Mundwinkel, weit und breit keiner
der sich mit uns anlegen wollte
und voller Haß auf unsere Väter
die den ganzen Tag im Lehnstuhl
hockten und Zeitung lasen, sie
fanden keine Arbeit, der Bauch
hing ihnen durch, ihr ganzes
Leben hing durch – verhutzelt
und abgestorben, zu nichts
zu gebrauchen.

Zu essen gabs nur Bohnen und
Dosenpampe, trotzdem wuchsen wir
zentimeterweise aus unseren alten
Klamotten heraus, stahlen uns
spätnachts aus dem Haus, standen
unter Straßenlaternen oder saßen
auf Parkbänken mit einer Flasche
Wein, Bier oder Fusel, qualmten
und quatschten. In einer Seifen-
kiste einmal um die Achterbahn …

Wir waren die Kids der Wirtschafts-
krise und schworen uns, nicht so zu
enden wie unsere Väter und deren
Väter. Wir würden den verlogenen
Scheiß nicht mitmachen. Wir
wußten es. Uns war klar
während wir im Dunkeln tranken

und qualmten, daß es nur noch
darum ging, wer es als erster
schaffen würde.

Die Glut unserer Zigaretten
glimmte in der Nacht. Wir
waren soweit. Unser Lachen
zuckte wie ein Stilett
durch die stupide Luft.

Los Angeles 1935.

LOU

Mitte vierzig.
Hohlwangig.
Hager.
Lange sehnige
Arme.
Trug immer
weiße T-Shirts.
Ex-Sträfling.
Drehte Zigaretten
mit einer Hand.
Hatte braunverbrannte
Haut und wirre
graue Brauen.
Sah einem nie in
die Augen.
Hatte kein Glück
mit Frauen.
War immer in eine
verliebt, die ihn
nicht wollte.
Hustete viel.
Erzählte von den
schauderhaften Jobs
die er hinter sich
hatte.
Saß immer in
meinem Sessel
und trank Wein

aus großen Wasser-
gläsern.
Portwein war ihm
am liebsten.
Muskateller war
Gift für ihn.
Davon wurde er
kirre.

Jedesmal, wenn wir
uns betranken, war es
dasselbe …

»Komm, Hank, wir
kloppen uns!
Du hast Mumm!
Auf gehts!«

»Ich will mich
nicht mit dir
kloppen, Lou.«

Ich sagte es nicht
aus Angst, sondern
weil er mich
langweilte.

Doch in der Absteige
gab es sonst keinen
mit dem ich trinken
konnte. Bis auf die

Lady weiter hinten
im Flur.

»Besorgst du's
ihr, Hank?«

»Kann sein.«

»Kannst du da
was für mich
einfädeln?«

»Glaub ich
nicht.«

»Komm, Hank, wir
kloppen uns!«

»Trink deinen
Wein.«

»Hatte mal ne
Schlägerei mit
einem. Wir sind
mit Axtstielen
aufeinander los.
Mit dem ersten Schlag
hat er mir den Arm
gebrochen. Ich hab
ihn trotzdem fertig-
gemacht. Und wie.«

Er schüttete sich
den Wein nur so
runter. Jedesmal
wurde ihm schlecht.
Er schaffte es selten
bis ins Klo am Ende
des Flurs. Meistens
reiherte er in mein
Waschbecken.

»Jetzt reichts, Lou!
Mach das verdammte
Becken sauber!«

»Entschuldige, Hank.
Tut mir leid. Ich
glaub, ich hab ein
Magengeschwür.«

»Mach das
sauber!«

Er war wie ein
zurückgebliebener
Siebzehnjähriger.
Ich hätte lieber
allein getrunken
aber ich wollte ihn
nicht kränken.

Dann ließ er sich mal
ein paar Abende nicht
blicken. Das war
mir recht, doch er
schuldete mir noch
zehn Dollar, und ich
brauchte das Geld
dringend.

Ich ging runter
und klopfte an
seine Tür.

Keine Antwort.

Ich drückte die
Tür auf.
Er lag auf dem
Bett, die Fenster
waren zu, und der
Gaskamin zischte.

Ich stellte das
Gas ab, riß die
Fenster auf und
wedelte mit der
Tür, um durch-
zulüften.

Ich rüttelte ihn.
Er lebte noch.

Kam zu sich.
Grinste mich
blöd an.

»Hank! Du hast
mir das Leben
gerettet! Ich
verdank dir
mein Leben!«

Er setzte sich
auf. Schwang die
Beine aus dem
Bett.

»Du hast mir das
Leben gerettet.
Du bist mein
Kumpel.
Das vergeß ich
dir nie.«

»Nächstes Mal«
sagte ich
»schließ die
Tür ab.«

Ich ging wieder
rauf in mein
Zimmer.

Nach einer Weile
stand er hustend
vor meiner
Tür.

»Ach, komm
halt rein.«

Er hockte sich
in den Sessel.

»Ich hab Liebes-
kummer«, sagte
er.

»So?«

»Die Geschäfts-
führerin. Hast du
mal auf ihre Figur
geachtet? Die
Augen. Die Haare.
Und intelligent
ist sie auch.«

»Lou, ich krieg
noch zehn Dollar
von dir.«

»Alles was ich
hab, ist ein
Fünfer.«

»Gib her.«

Er klappte die
Brieftasche auf
und zog einen
Fünfer raus.
Mehr war nicht
drin.

Ich steckte
das Geld
ein.

»Ich hab ihr einen
langen Liebesbrief
geschrieben.
Vier Seiten.
Hab ihn ihr
unter der Tür
durchgeschoben.«

»Hast ihn auch
unterschrieben?«

»Nee.«

»Dann mach dir
mal keine
Gedanken.«

»Trotzdem, Hank.
Sie wird schon
wissen, daß er
von mir ist.
Ich trau mich
nicht recht
bei ihr.
Hast 'n Wein
da?«

»Noch eine
Flasche.«

»Kann ich 'n
Schluck haben?«

Ich holte die
Flasche und bohrte
den Korkenzieher
rein.

Lou saß da und
drehte sich ein-
händig eine
Lulle.

BAR ZERO

Die traurigste Kneipe
in die ich mich je
verirrt habe, war in
New Orleans, westlich
von der Canal Street.
Ich weiß auch noch
wie sie hieß, aber
nennen wir sie hier
einfach *Bar Zero*.

Ich hatte schräg gegenüber
im ersten Stock eine Bude
in der mir Mäuse über
die Füße liefen.

Eines Abends gegen elf
ging ich drüben rein
und bestellte mir ein
Bier. Der Wirt hatte
einen Klumpfuß. Er
brauchte eine
Ewigkeit.

Die Gäste saßen an alten
runden Holztischen. Das
Licht der Deckenlampen
war so grell, daß es
blendete. Ich war 20

und erwartete nicht viel
vom Leben, aber dieser
Schuppen deprimierte
sogar mich.

Am ersten Tisch saß eine
Frau mit drei Männern.
Die Ärmste hatte ein
Glasauge. Es war
knallgrün und hatte
nicht mal eine Pupille.
Starr funkelte es im
gleißenden Licht
vor sich hin.

Die Männer sahen aus
wie dreimal derselbe:
Klapperdürr; faltige
fast schneeweiße
Haut; schlaffer Mund
(wahrscheinlich zahnlos).
Einer war ein bißchen
jünger. An seiner
Unterlippe hing ein
Zahnstocher. Er war
noch der Lebendigste
in der Runde.

Weiter hinten saß
ein Mann in einem
gestreiften Overall.

Sein Bierglas war
umgekippt und lag
in einer Pfütze.
Er regte keinen
Muskel. Schien
nicht mal zu
atmen. Aus beiden
Mundwinkeln troff
ein dünner Speichel-
faden. Alter Sabber
war eingetrocknet und
bildete eine weißliche
Kruste.

Keiner sagte was.
Ich trank mein
Bier aus und
bestellte noch
eins.

In der Ecke lag ein
alter schwarzweiß
gefleckter Hund
dem die Rippen raus-
standen. Er biß
unablässig in sein
Fell – die Flöhe
fraßen ihn bei
lebendigem Leib.
Er hatte keine
Zähne mehr und

konnte nur noch
mit dem Gaumen
nagen, aber er
machte tapfer
weiter. Sein
Schmatzen war das
einzige Geräusch
im Lokal.

Eine Alte kam rein.
Ganz in Schwarz.
Strähniges weißes
Haar. Sah aus wie
hundert. Sie stellte
sich neben mich
reckte mir das Gesicht
entgegen und sagte
»Hey!«

Endlich mal
ein Wort.

Ächzend versuchte sie
auf den Barhocker
neben mir zu klettern.
Ich half ihr rauf
und bestellte zwei
Glas Bier.

Sie stemmte den Humpen
und kriegte das meiste

rein. Der Rest lief ihr
links und rechts am
Kinn herunter und
plätscherte auf ihren
schwarzen Schoß. Sie
machte sich nicht
die Mühe, es ab-
zuwischen.

Ich bestellte ihr
gleich noch eins.

Einer der drei Männer
am ersten Tisch fing
auf einmal an
zu singen:
«Somebody bet
on the bob-tailed
nag, I'm gonna
bet on the
grey!»

Es war nur die Hälfte
der Strophe. Dafür
sang er sie dreimal
hintereinander.

Ich ließ mir ein Glas
Wein bringen. Als es
endlich kam, sah ich
daß Staub darauf

schwamm. Ich trank
es runter. Es schmeckte
leicht nach Terpentin.
»Dasselbe noch mal«
sagte ich.

Zwei Stunden
saß ich da und
trank. Nichts
tat sich. Das
Licht blieb so
grell wie es
war. Der arme
Hund nagte an
sich rum.

»Hey!« krächzte die
Alte, und ich bestellte
ihr wieder ein Bier.

Dann fiel mir ein
daß ich in meiner
Bude noch was zu
trinken hatte.

Ich rutschte vom
Hocker, ging über
die Straße. Im
dunklen Zimmer
zog ich mir einen
Stuhl ans Fenster

machte die Flasche
auf, trank und
schaute drüben in
die Bar rein.

Die Alte hatte sich
nicht vom Fleck
gerührt. Die Leute
an den Tischen saßen
noch genauso da.
Der Hund nagte.

Hinter mir hörte ich
die Mäuse. Ihre
Frechheit hatte mich
immer geärgert. Jetzt
waren sie mir beinahe
willkommene Gesellschaft.

Ich behielt die
Bude noch zwei
Monate, aber in
die Bar ging ich
nur noch einmal.
Als ich reinkam
sang derselbe Mann
*»Somebody bet
on the bob-tailed
nag, I'm gonna
bet on the
grey!«*

Ich machte auf
dem Absatz kehrt
und das war
das.

SCHWARZ UND WEISS

Ich war wohl betrunken
als ich eincheckte – am
Morgen erwachte ich in
einem alten Hotel; das
Zimmer war klein, das Bett
zu kurz. Ich wußte nicht mal
in welcher Stadt ich war.
Ich ging ans Fenster und
sah raus. Straßenseite.
Eine der obersten
Etagen.
Die Menschen, die Autos
da unten – wie etwas
aus einem Traum. Ich
hatte einen Selbstmord-
komplex. Oder dachte
ich hätte einen.
Ich probierte das
Fenster. Das wäre ein
guter Sprung gewesen
aus dieser Höhe.
Das Fenster ließ sich
nicht öffnen. Hm.
Mußte ich eben was
anderes versuchen.

Es klopfte.

»Herein.«

Herein kam ein dralles
schwarzes Zimmermädchen.
Ich stand in Unterwäsche
da. Ungerührt begann sie
das Bett zu machen.

»Wie bringt man sich
am besten um?«
fragte ich sie.

»Du willst dich
umbringen?«

»Ja.«

»Siehst eher aus
als ob du was zu
trinken brauchst.«

»Das auch.«

»Ich bestell was.«

Sie ging ans
Telefon. Ich hörte
wie sie Whisky und
Bier bestellte.

»In welcher Stadt
sind wir hier?«
fragte ich.

»St. Louis.«

»Hast du den Job
schon lange?«

»Zwei Jahre.«

Sie hatte einen
Staubwedel aus
schwarzen und weißen
Federn und machte sich
an die Arbeit.

»Vergiß es«, sagte
ich.

»Was?«

»Das Staubwischen.«

Sie kam her und
staubte mich vorne
und hinten ab.

Das Klopfen des
Etagenkellners
unterbrach uns.

Ich ging zu dem
Stuhl, über dem
meine Hose hing
und holte die
Brieftasche.
Machte die Tür
auf. Nahm das
Tablett. Gab dem
Burschen ein
Trinkgeld.

»St. Louis?« sagte
ich. »Bist du
sicher?«

Sie nahm mir das
Tablett ab; schraubte
den Whisky auf; goß zwei
Gläser halb voll; bißchen
Selterswasser dazu; flippte
die Kronenkorken von zwei
Flaschen Bier.
Wir setzten uns auf die
Bettkante.
Stießen an.
Tranken.

»Der erste Schluck
ist der beste«
sagte sie.

»Da hast du verdammt
recht …«

»Mußt du nicht arbeiten?«
fragte ich nach einer
Weile.

»Wieso?«

»Ich meine – mußt du
nicht die Zimmer
machen?«

»Ach, die nehmen es
nicht so genau.
Sag mal, willst du dich
wirklich umbringen?«

»Glaub schon.«

»Bist dir nicht sicher?«

»Manchmal bin ich mir
sicherer als sonst.«

»Meine Schwester hat
sich umgebracht.«

Ich goß uns nach.
Auf dem Wecker war es
10.37 Uhr.

»Was machst'n so?«
fragte sie.

»Im Moment nichts.«

»Schon mal was
gearbeitet?«

»Oft.«

Wir saßen da und
tranken. Mal schenkte
sie ein, mal ich.
Bald war es
Mittag.

Es endete damit
daß wir unter die
Decke krochen.

Als ich wach wurde
war es Abend. Sie
zog sich grade an
Wortlos ging sie
aus der Tür und
verschwand.

Ich setzte mich ans
Fenster, sah den Rücklichtern
der Autos nach und wußte
noch immer nicht, was ich
mit mir machen sollte.

EIN WINTERMÄRCHEN

Sie war Deutsche. Ein
quecksilbriges Ding. Ließ mich
immer zappeln.
Wir saßen zum Beispiel
in einem billigen Nachtklub
und ich sagte: »Ich möcht dich
auf der Stelle ficken.«
Dafür hatte sie nur
ein Lächeln.
»Und?«
Was heißen sollte:
Mach doch, reiß mir die
Kleider vom Leib, aber
du traust dich ja nicht.
Also. Und jetzt?

Die gute alte Gertrud.
Die reinste Verkörperung
von Sex im guten alten
St. Louis. Meine
wunde Seele war
ihr Trampolin.

Ein Fick mit ihr war eine
sturzbetrunkene Himmelfahrt
auf der offenen Plattform
einer Straßenbahn. Aber
erst mal mußten wir

durch den Schnee nach
Hause. Ihre strammen Beine
eierten auf hohen Absätzen
und vereinten den ganzen
Zauber des Universums.

Dann rauf in ihr Zimmer.
Das große Bett mit all den
Plüschtieren – Bären
Giraffen, Elefanten und
was noch alles – die uns
stumm ansahen …

Mit einer Armbewegung
fegte ich sie runter. Jetzt
war der größte Teddybär von
allen an der Reihe, und die
Viecher saßen auf dem Teppich
mit ihren Sägemehl-Steifen und
hechelnden Baumwollzungen – ah

wir ritten alle hinaus
an die Grenzen des Alls
und kamen nie mehr
zurück.

ENDE DER DURCHSAGE

Die Party ist vorbei, der
Hahn kräht, die Würfel sind
eingesammelt, die Tänzerinnen
schnarchen, die Mäuse krabbeln
in die Pappbecher, der Esel hat
den Schwanz eingeklemmt, die
Fabel hat sich zum Sterben
verkrochen, die Liebe ist
verstaubt, die Tempel sind
leer, der Vogel ist aus-
geflogen, im Käfig sitzt ein
verzwergtes Herz und flennt;
der Traum hat eine Bruchlandung
gemacht, ich sitze mit
leeren Händen da, starre sie
an, starre sie an, und
nichts klingt
nach.

DUMM GELAUFEN

Ich weiß noch, wie ich mal
in unserem Hotelzimmer saß
und meine Damalige beschickert
reinkam: »Mensch, ich habs
nicht mehr halten können! Ich
hab in den Fahrstuhl gepißt!«

Ich hatte auch schon ein
bißchen Schlagseite. Barfuß
und in Unterhose ging ich
raus, den Flur runter
und drückte auf den Knopf.
Der Lift kam hoch. Die
Tür ging auf. Niemand drin.
Aber – tatsächlich, da
in der Ecke war die
Pfütze.

Ein Paar kam aus seinem
Zimmer. Die Fahrstuhltür
wollte sich gerade
schließen. Ich
hielt sie ihnen
auf. Die Falttür
war schon fast zu
als ich die Frau
sagen hörte: »Der hat

nur ne Unterhose an-
gehabt ...«
Im nächsten Moment
sagte der Mann: »Und
er hat hier rein-
gepißt!«

Ich ging zurück ins
Zimmer. »Die denken
das war ich.«

»Wer?« wollte sie
wissen.

»Leute.«

»Was für Leute?«

»Die zwei, die mich
in meiner Unterhose
gesehn haben!«

»Ach, scheiß doch
auf die!«

Sie hatte ein Glas Wein
in der Hand und trank
einen Schluck.

»Nimm ein Bad«, sagte ich.

»Nimm du doch eins«, sagte sie.

»Geh wenigstens duschen.«

»Geh selber duschen.«

Ich setzte mich und
goß mir ein Glas voll.

Wir hatten dauernd Krach
wegen irgendwas.

DER GONG ZUR LETZTEN RUNDE

Abgehalftert. Verdient sein
Gnadenbrot als Betreuer.
In der Trainingshalle
sieht er den jungen Talenten
beim Sparring zu.
Er kennt sämtliche Tricks.
Studiert die Beinarbeit
den Counterpunch, die
Führhand, die Haken
das Timing, die
Entschlossenheit.

Er hat selbst mal
in allerhand Zehn-
Runden-Fights im
Ring gestanden.

Jetzt kann er nur noch
mit zusammengekniffenen
Augen zusehen und
analysieren.

Er hat inzwischen
einen Bauch, der sich
unter dem alten
Sweatshirt
wölbt.

Nachmittag in der
Trainingshalle. Er
hört sie keuchen.
Hört das Knallen
der großen Handschuhe.

Noch einmal sieht
er sich im Ring
hört das Kreischen
der Girls, das
Gebrüll der Männer.
Spürt die Hitze der
Lampen, die Matte
unter den Füßen.
Die Seile, die
den Kampfplatz
abstecken.

Verdammt, war das
eine Zeit. War das
ein Leben …

Dann wieder die
Realität.
Verdammt – er ist
alt. Alles was er
hat, ist ein Eimer
und ein Handtuch.
Na, immer noch besser

als Buttermilch durch
einen Strohhalm
saugen.

Die Runden sind
zu Ende. Jetzt
wartet etwas
anderes.

Tja.

Kein knappes
Unentschieden mehr
für den da.

ANSICHTSSACHE

Wie kannst du, sagt mein
Freund, so viele Gedichte
schreiben über das, was du
aus diesem Fenster siehst?
Ich schreibe aus dem Bauch.
Von der dunklen Seite.
Von dem, was mich
martert ...

Hm. Ist ja sehr beeindruckend.
Aber ich weiß, daß wir beide
mit unserem Zeug oft genug
abblitzen. Wir rauchen
zu viele Zigaretten, wir
trinken zuviel, wir versuchen
einander die Freundin aus-
zuspannen. Ich seh da
keine Lyrik drin.

Und ständig liest er mir
seine Sachen vor. Ich
höre zu und sage nicht
viel. Schaue aus dem
Fenster auf meine
Straße – mal sonnig
mal verregnet, immer
voller Kinder; oft
betrunken. Und nachts

schau ich manchmal raus
wenn sie denkt, ich
seh nicht hin:
Ein oder zwei Autos
gleiten still vorbei;
der alte Mann, immer noch
am Leben, auf seinem
Spaziergang. Überall sind
die Rollos unten. Die
Liebe, schon ohne Chance,
klammert sich noch eine
Weile fest, dann
läßt sie los. Die
Kater jagen sie
über die Dächer.

Aber jetzt ist es Tag.
Die Kinder, die um das
rote Auto rennen und ihre
guten Nichtigkeiten
schreien – auch sie
werden einmal alte
Leute sein und durch
letzte Augenblicke
gehen …

Mein Freund läßt das Blatt
sinken und legt es weg.
»Also? Was meinst du?«
will er wissen.

Ich nenne ihm eine
Zeitschrift. »Versuchs mal
bei denen …«

Und seltsam, jetzt
denke ich an Gitarren
unter Wasser. Ihre
traurige gute stille
Musik.

Er sieht zu mir her.
»Was gibts denn da
draußen?«

»Komm halt und
schau …«

Er stellt sich ans
Fenster. Er ist elf Jahre
jünger als ich. Er
dreht sich um. »Mein Bier
ist alle«, sagt er, »ich
brauch ein Bier.«

Ich gehe zum Kühlschrank
und das Thema ist
erledigt.

BIG JOHN

Nach der Nachtschicht im
Postamt fuhr ich oft zu ihm
raus in den Echo Park Distrikt.
Da saß der bärtige Riesenkerl
wie ein Buddha in seinem Sessel
und er *war* mein Buddha, mein
Guru, mein Held, mein einziger
Lichtblick. Manchmal war er
ziemlich grob, aber immer
mehr als interessant.
Vom Sklaven-Kraal der Post
in diese Explosion von
Licht zu kommen
machte mich ganz
durcheinander. Ich
war jedesmal baff.
Und genoß es.

In seinem Keller verrotteten
Tausende von Büchern über
alles mögliche. Wenn man
mit ihm Schach spielte
wurde man vom Brett
gelacht. Sich mit ihm
messen zu wollen
war sinnlos.

Doch er hatte die
Fähigkeit, meinen Schmäh
geduldig anzuhören und
jedes schwache Argument
in einem einzigen Satz
zu entlarven. Ich konnte
mir nicht erklären
warum er sich mit mir
und meinem Gebelfer
abgab. Im Grunde
war er eben doch
ein Kerl mit Herz.

Sieben, acht Stunden
ging das jedesmal.
Ich hatte mich; er
hatte sich und eine
attraktive Frau, die uns
mit einem stillen Lächeln
zuhörte. Sie arbeitete
an einem Zeichenbrett.
Irgendwelche Entwürfe.
Ich fragte sie nicht
danach, und sie
behielt es für
sich.

Die Decken und Wände
der Wohnung waren tapeziert
mit ausgefallenen Dokumenten:
Die letzten Worte eines

Mannes auf dem elektrischen
Stuhl oder von Gangstern
auf dem Sterbebett; der
Abschiedsbrief einer Mörderin
an ihre Kinder; Fotos von
Hitler, Al Capone, Sitting
Bull, Lucky Luciano.
Ein Sammelsurium von
seltsamen Sprüchen und
Gesichtern, das auf
seine finstere Art
etwas Erfrischendes
hatte.

Ab und zu war
sogar ich mal
interessant.
Dann nickte
der Buddha.

Er ließ immer ein
Tonband mitlaufen.
Wenn er mir später
was vorspielte
wurde mir schmerzlich
bewußt, wie unfähig
und abgeschmackt
ich mich anhörte.
Und wie selten ihm
was danebenging.

Mir war ein Rätsel
warum man ihn noch nicht
entdeckt hatte. Aber
ihm lag nichts daran.

Außer mir hatte er
noch andere Besucher –
verrückte Typen mit
originellen Ansichten.
Es war irrer als das
Austrocknen der Weltmeere.
Es war, als flatterten
die Fledermäuse der Hölle
durchs Zimmer.

Das alles ist schon
Jahrzehnte her, doch er
ist immer noch da.
Er war meine letzte
Zuflucht, wenn alles
zu eng wurde, mir die
Luft abwürgte, mich
niederdrückte und
kaputtmachte.
Wenn es keine Stimme
gab, kein Wort, keinen
Sinn, war er mit seiner
Ruhe und Gelassenheit
die Rettung.

Ich finde, dafür
bin ich ihm was
schuldig. Eine
Menge sogar.
Aber ich höre schon
seine brummige Stimme
wie damals, als er
groß und massig in
seinem Sessel saß:
»Keiner schuldet was,
Bukowski.«

Nein, John Thomas,
du alter Gauner:
Diesmal habe ich
recht.

WARUM ZEHENLUTSCHER DIE
BESSEREN MENSCHEN SIND

Jemand hatte zu einer literarischen
Fete geladen, alle standen gelangweilt
herum, da sank auf einmal dieses Girl
mitten auf dem Wohnzimmerteppich
auf die Knie und sagte:
»Oh, Mr. Cassady, lassen Sie mich
diesen Daumen küssen, den großen
amputierten Daumen aus dem
großen amerikanischen Roman
On the Road!«

Mr. C. hielt ihr den
Stummel hin, und sie
drückte einen Kuß darauf
und uns anderen kam
und kam und kam es
nur noch hoch.

GEH AUF NUMMER SICHER
UND SETZ AUF DIE MUSE

Jimmy Foxx starb als
Alkoholiker im
Elendsviertel.
Beau Jack endete als
Schuhputzer, genau da
wo er angefangen hatte.
Große Athleten von
einst, vom Alter
besiegt. Das grausame
Schicksal trifft sie
zu Hunderten, zu
Tausenden.
Ausgemustert und
ersetzt; kein Jubel
mehr, keine Lobes-
hymnen; auf der Straße
ein Niemand; nur noch
ein alter Mann wie
andere.

Ungläubig blättern sie
in ihrem Album mit den
vergilbten Fotos. Da
stehen sie. Mit einem
Siegerlächeln.
Jung.

Die Menge hat
andere Helden.
Die Menge stirbt
nie, wird nie
alt. Aber sie
vergißt
schnell.

Jetzt bleibt das
Telefon stumm. Die
jungen Verehrerinnen
sind verschwunden.
Das Spiel ist aus.

Deshalb habe ich mich
fürs Schreiben entschieden.

Wenn du nur halbwegs was
taugst, bleibst du im Spiel
bis zur letzten Minute
deines letzten Tags auf
Erden. Du kannst besser
werden statt schlechter
und Treffer landen
bis zuletzt. In miesen
Zeiten, in Krieg und
Glück und Pech bleibst du
dran und haust die Dinger
raus – Feuerwerk für
die Welt. Du schlägst
das Leben auf seinem

eigenen Turf und hältst
den Tod so lange hin
daß er sich nicht
mehr als Sieger
fühlen kann.

AUF DER STRASSE

Hält mich einer an und
sagt: »Sie haben mir
geholfen, die letzten
zwei Jahre durchzuhalten.
Ich hätte nie gedacht
daß wir uns mal
begegnen …«

»Danke«, sage ich.
»Aber wer hilft *mir*
durchhalten?«

Auf diese Frage
ernte ich jedesmal
nur ein höfliches
Lächeln.
Trotzdem ist es
eine gute Frage.

Denen kommt nie in den
Sinn, daß ich vielleicht
dreimal die Woche an
Selbstmord denke.

Sie haben ein paar
Bücher von mir
gelesen, und das
reicht ihnen.

Aber ich schreibe das
Zeug nur. Ich kanns
nicht auch noch
lesen.

UNFALLPROTOKOLL #1

Es war Mittwoch
11.32 Uhr, ein diesiger
Sommertag im Jahr
des Herrn. Der Hund
schlich sich geduckt
von hinten an, der Mann
hörte ein tiefes Knurren
dann hatte er einen
angenagten Schenkel und
stieß einen gellenden
Schrei aus.
Als nächstes sprang ihm
der Hund mit einem
gewaltigen Satz
an die Kehle.
Links und rechts waren
Blumenbeete. Der Rasen
war frisch gemäht.
Der Mann hielt ab-
wehrend die Hände
hoch und zuckte
zurück.
Der Hund landete auf
allen vieren und hatte
den kleinen Finger
der rechten Hand
im Maul.

Der Hund, ein majestätisch
schönes Tier, war
frustriert. Er ließ
den Finger
fallen.
Das Fell im Nacken
gesträubt, umkreiste
er den Mann.

Mein Gott ...
0 Gott, ich ...
HILFE!

Aus dem Garten nebenan
kamen zwei Männer
gerannt. Ein Dicker
mit Glatze; Gesicht
wie eine Eule. Und
ein Dünner, sehr
blaß, mit einem großen
dunkelroten walnuß-
förmigen Muttermal.

»BRIGGS!
AUS!«

Briggs machte kehrt
und trollte sich
in den Garten.

Der Mann hielt sich
die blutende Hand.
Preßte sie an die
Brust. Keuchte
vor Schmerz. Es
hörte sich wie
Schluchzen an.

»Das Scheißvieh
bring ich um!
Und euch zwei
auch!
Was ist denn
los mit euch?
Spinnt ihr?«

Der Dicke mit dem
Eulengesicht sah etwas
auf dem Rasen liegen.
Er ging hin. Es war
der Finger.

»Was'n das?«
sagte er.
»Was *ist* das?«

Auf dem Bürgersteig
kam ein alter Radler
vorbei. Er trug
rotweiß gestreifte
Shorts, eine Motorrad-

brille und einen
gelben Schutzhelm.
Auf seinem Sweatshirt
stand: MEAT ME,
BABY.
Er hielt nicht an.

11.39 Uhr.
Im Jahr des
Herrn.

UNFALLPROTOKOLL #2

Umgekippter Pkw im
Mondschein. Die Räder
drehen sich noch.
Fahrer kriecht aus dem
geborstenen Seitenfenster.
Große Blutflecken auf dem
weißen Hemd. Das Autoradio
ist an. Laut.
Der Mann geht an den
Straßenrand, setzt sich
auf den Bordstein. Irgendwo
wartet die Freundin, die er
zum Essen eingeladen hat.
Daraus wird jetzt
nichts mehr.
Die Räder stehen still.
Schicksal.
Auch die Bauchlandung
des römischen Reichs
war Schicksal.
Jemand legt dem Mann eine
Decke um die Schultern.
Er bittet um eine
Zigarette. Bekommt
eine. Jemand gibt ihm
Feuer. Er inhaliert.
Rauch kräuselt sich
aus seiner Nase.

Der Krankenwagen
kommt. Dann ein
Streifenwagen.
»Er ist bei Rot
durchgefahren«, sagt
der Mann. »Ich bin
voll auf die Bremse
aber er hat mich noch
gerammt. Dann hab ich
mich überschlagen.
Diese Drecksau.«
»Fahrerflucht«, sagt
der Polizist.
»Ja. Die Drecksau.«
Die Gaffer halten ein
bißchen Abstand. Ihr
Abend ist unterhaltsam
geworden. Jeder ist froh
daß er nicht der Mann
auf dem Bordstein ist.
Das Gefühl hat man
vor dem Fernseher nicht.
»Haben Sie was getrunken?«
fragt der Polizist. »Sie
haben eine Fahne.«
»Bier.«
»Wieviel?«
»Zwei oder drei.«
Aha. Interessant.
Aus dem Autoradio
dröhnt schlechter Rap.

Ein Junge, etwa sechs
Jahre alt, macht
Verrenkungen dazu.
Einer der beiden Sanitäter
ist unrasiert. »Kann er
gehen?« fragt er den
Polizisten. »Oder
brauchen wir eine
Bahre?«
»Schaffen Sie's bis zum
Krankenwagen?« fragt
der Polizist.
»Klar«, sagt der Mann.
Er steht auf, macht ein
paar Schritte, strauchelt,
verdreht sich nach
rechts, stürzt der Länge
nach hin. Sein Kopf
schlägt hart aufs
Pflaster. Er regt
sich nicht mehr.
Sieht schlimm aus.
Der unrasierte Sanitäter
kniet neben ihm.
Jemand stellt das
Autoradio ab.
Es ist ein schwüler
Abend im Juli.
Ein paar Gaffer haben
genug gesehen und
gehen weg. Die anderen

bleiben. Sie wohnen hier
in einem der besseren
Viertel. Und der
Mond scheint heute
besonders schön.

STELL DIR VOR

Stell dir vor, es gab mal
Burschen wie Kierkegaard und
Sartre, die fanden das Leben
noch absurd und schlugen sich
mit der Angst herum, dem
Ekel, dem Nichts. Der Tod
war für sie noch ein
Damoklesschwert.
Jetzt haben wirs mit einer
anderen Sorte zu tun.
Die wachen am Morgen auf
und ihr einziger Gedanke
ist: Wann gibts
Mittagessen?

Gut, als Ameise
hätte man es vermutlich
leichter. Als Fliege.
Als Mugwump.
Trotzdem – als Mensch
zu leben wie Millionen?
Tag für Tag?
Schon wahr: Die Hölle
das sind die anderen.
Soviel Verschleiß, soviel
Sinnlosigkeit; das schluckt
keine Kanalisation.

Sogar der Typ von der
Reparaturwerkstatt.
Wie ein Untoter
kommt er auf
dich zu.

SPIEL NIE VERKEHRTE WELT
MIT EINEM ALTEN SCHNÜFFLER

Ich saß in meinem dunklen Büro
und dachte an nicht viel – na, vielleicht
ein bißchen an den Fall Barker – da ging
ganz langsam die Tür auf …
Niemand hatte einen Termin bei mir.
Meine Hand tastete nach der
Kaliber-45.

Oh. Eine Puppe. Und was für eine.
Schwer aufgetakelt. Ihre langen Beine
balancierten auf hohen Absätzen. Der
Seitenschlitz ihres Kleids gab den
Blick auf einen Straps frei. Sie
brannte sich eine an und sagte:
»Erinnerste dich an mich?«

»Äh, nein«, sagte ich. »Ich hab
eine Stahlplatte im Schädel und
trink zuviel Wodka.«

»Komm mir nicht so!« fauchte sie.
»Vor zwei Nächten sind wir auf der
Matratze über sieben Runden gegangen!«

»Komm du mir nicht so«, gab ich
zurück. »Ich hab seit Gettysburg
keinen mehr hochgekriegt.«

Sie griff in die Handtasche. Etwas
schimmerte wie Metall im trüben Licht
das durch die verstaubten Jalousien drang.
Ich warf ihr die Wodkaflasche an den
Kopf. Schneller als du sagen kannst
eine verarschte Frau ist schlimmer als
die Steuerfahndung.

Ich stand auf, ging um den Schreibtisch
herum und sah nach der Flasche. Sie
war noch heil.
Dann beugte ich mich über die
bewußtlose Schöne und kam auf
dumme Gedanken.
Ich wollte ihr grade das
Kleid lüpfen, da kam sie
wieder zu sich.

»Du hast Eddie erschossen«, sagte
sie.

»Was für'n Eddie?«

»Eddie Blankenship.«

»Moment mal. *Ich* bin
Eddie Blankenship.«

»Herrje.«

»Nee, nicht der. Eddie
Blankenship.«

Ich ließ mich in meinen Kippsessel
fallen, schraubte den Wodka auf und
trank einen ordentlichen Schluck.
Das ergab doch alles
keinen Sinn.

Sie setzte sich auf den Besucherstuhl
und schlug provozierend die Beine
übereinander.

»Ich werde diesen Fall lösen«, sagte
ich. «Aber ich machs nicht billig.«

»Geld spielt keine Rolle.« Ihre
goldenen Ohrringe schimmerten
im trüben Licht undsoweiter. »Ich
bin Marcy Peats Booty. Ich hab
Geld wie Heu.«

»Zwanzig Lappen«, sagte ich.

»Geht klar.« Sie warf den Kopf zurück
und lachte.
Ich rieb mir den Hosenlatz.

»Wie's aussieht«, sagte ich
»kann ich Eddie Blankenship
nicht erschossen haben, weil ich es

selber bin.« Ich machte eine
Kunstpause.

»Ah.« Ihr Lächeln konnte eine
Panzertür schmelzen.

»Eben. Also muß es *zwei*
Eddie Blankenships geben.«

»Klingt mir eher nach Stuß«
meinte sie.

»Baby«, sagte ich, »Stuß klingt
nach gar nichts. Ich rede von
Tatsachen.«

Die Tür flog auf, und ein
abgerissener Kerl stand da.
Keine Klasse, nicht viel
Arsch, nicht viel sonstwas.

»Hallo, Eddie«, sagte die Puppe.

»Ja jetzt leck mich doch am
Ärmel«, sagte ich.

»Hi, Baby«, knarzte er. »Was macht
dieser Strolch hinter meinem
Schreibtisch?«

»Das reicht!« bellte ich. »Zisch
bloß ab, du!«

»Zisch deiner Mutter einen
runter!« schrie er.

Wir zogen gleichzeitig.
Zwei Blitze, ein Knall.

Seine Kugel prallte an meiner
Stahlplatte ab.
Er klappte zusammen.

Ich stemmte mich hoch, ging
außen rum, kniete mich
neben ihn und nahm ihm
die Brieftasche ab. Dann
fühlte ich ihm den Puls …

Ich schaute hoch.
»Der Typ ist tot«
sagte ich.

»Du hast Eddie Blankenship
erschossen!« schrie sie.

Ich sah, wie ihre Hand in die
Tasche glitt.
Wieder ein Blitz und ein Knall.
Sie kippte vom Stuhl.

Ich beugte mich über sie.
In der rechten Hand hatte sie
eine Nagelfeile.
Ich leerte ihre Tasche aus.
Tastete ihr den BH ab, die
Schenkel. Fühlte ihr den Puls.
Sie war tot.

Ich setzte mich hinter den
Schreibtisch und flößte mir
eine Portion Wodka ein.
Der Mond schien durch die
Löcher in den verstaubten
Jalousien. Ich hatte zwei
Leichen in der Bude und
eine halbe Flasche Wodka.

Jetzt war guter Rat teuer.
Ich steckte elend in der Klemme.
Etwas mußte geschehen.
Ich griff zum Telefon und
gab der Dame vom Fernamt die
Nummer meiner Mutter in
Iowa City. R-Gespräch.

Ich saß da und hörte
auf das *Brrr-Brrr* am
anderen Ende.

DAS SORGENKIND

Er hatte Probleme mit Bällen
von linkshändigen Werfern
deshalb ließ ich ihn
abwechselnd von links und
rechts schlagen. In der
Defensive ließ ich ihn von
der linken Position in die
mittlere wechseln und
stellte ihn schließlich
ins Outfield. Außerdem
ließ ich ihn den kurzen
Schlag üben.
Wir hatten lange Gespräche
über seine Karriere.
Konzentration, sagte ich ihm
immer wieder, ist das A und 0!
Ich nahm mir viel Zeit
für den Jungen; verordnete
ihm zusätzliches Training
und ein leichteres Holz.
Arbeite an deiner Treff-
sicherheit, sagte ich, die
Schlagkraft kommt dann
von selbst.
Ich schärfte ihm ein
sich näher zum Fänger zu
stellen und nur nach

sicheren Bällen zu
schlagen.
Was gab ich mir Mühe
mit dem Jungen. Ich
stellte ihn in jedem
Spiel auf. Aber seine
Trefferquote sank auf
23 Prozent, und wir
mußten ihn an die
2. Liga verkaufen.

Soviel Talent, und er
kriegte es einfach nicht
auf die Reihe. War ständig
unkonzentriert und daneben.
Wahrscheinlich steckte ein
Flittchen dahinter.

Der arme Kerl.
Das ganze Talent
einfach so den
Bach runter.
Ich hab es schon
bei so vielen
erlebt.

Jetzt haben wir
Sunderson. Er schlägt
29 Prozent und ne Menge
Bälle die Seitenlinie
lang. Als Feldspieler

ist er auch ganz
passabel. Vor allem
beständig.

Wenns im September
um die Wurst geht
müßten wir vorne
mitmischen.

CHICKEN McNUGGETS

Er ist wie du, sagte sie.
Schließt sich in seinem Keller
ein und will keinen sehen.
Mit dem muß ich dich mal
bekanntmachen.

Ich will ihn nicht kennen-
lernen, sagte ich.
Wir fuhren in südlicher Richtung
die Western Avenue runter.

Ich will Chicken McNuggets
sagte sie.

Ach verdammt, sagte ich.

Was is denn?

Ich will was *trinken*.

Na, *ich* will aber
Chicken McNuggets.

Ich fuhr zum nächsten
Drive-in, machte ihr die
Tür auf, gab ihr Geld.

Sie ging zum Schalter
und bestellte. Es war
drei Uhr morgens.

Während sie aß, kamen zwei
Kerle. Sie quatschte die
beiden an, und bald war eine
flotte Unterhaltung im Gang.
Es wurde viel gelacht.

Dann war sie mit ihren Hähnchen-
häppchen fertig. Aber das
Quasseln und Lachen ging
weiter.

Ich gebe ihr noch fünf Minuten
dachte ich und sah auf die
Uhr.
Als die Zeit um war, setzte ich
rückwärts raus und fuhr weg.

Ich saß in meinem Apartment
bei Scotch und Bier, als es
klingelte.
Ich stand auf und ging
an die Tür.

Was zum Kuckuck ist denn
in dich gefahren? wollte
sie wissen.

Nichts, sagte ich.

Na, zahl schon das
Taxi.

Yeah, sagte hinter ihr
der Fahrer.

Kumpel, sagte ich, komm
mal 'n bißchen näher.

Er machte einen Schritt.

Rutsch mir 'n Buckel
runter, sagte ich.

He, Mann, ich will
mein Geld!

Ich bin nicht mit dir
gefahren, sagte ich.

Aber sie ist deine ...

Ist sie nicht. Nimm sie
gleich wieder mit.

Ich drückte die Tür zu.

Nach zehn Minuten wurde
an die Tür gehämmert.

Ich machte auf.
Sie quetschte sich
an mir vorbei.

Gimmir 'n Drink, sagte
sie.

Mach dir selber einen
sagte ich.

Das tat sie und
setzte sich mit ihrem
Glas in einen Sessel.

Mein Bruder, sagte sie
hat mir mein ganzes Geld
geklaut.

Er ist auf Drogen, sagte
ich.

Ich doch auch, sagte sie.

Es war mal wieder Viertel
vor vier in East Hollywood.
Der schwarze Himmel
kitzelte wie ein Messer
an der Kehle.

Wenn man noch lebte
hatte man Glück
und wenn nicht
merkte man eh
nichts davon.

NOCH ZWÖLF MINUTEN BIS ZUM
START DES ERSTEN RENNENS

In unseren dämlichen Sportsakkos
stehen wir vor den violetten
Bergen, halten inne, schauen
uns um. Nichts ändert sich. Es
wird nur konkreter. Unser Leben
kriecht im ersten Gang. Unsere
Frauen rümpfen die Nase
über uns.
Dann werden wir
einen Augenblick
hellwach – die Pferde
kommen auf die Bahn:
Quick's Sister, Perfect Raj, Vive
le Torch, Miss Leuschner, Keepin'
Peace, True to Be, Lou's Good Morning.

Jetzt ist es gut für uns. Das Blitz-
licht der Hoffnung. Das Lachen der
Götter über den Wolken.
Was wir sind oder wo – es hätte
nie sein sollen: Wo ist die
Lücke, die Musik der Sonne, das
Girl, das wir nie fanden …
Wir wetten wieder auf das
Wunder, da vor den violetten

Bergen, während die Pferde
zur Parade vorbeikommen –
soviel schöner als
unser Leben.

DREIFACHER RITTBERGER
MIT JOCKEYS

Die Drei touchierte die Hufe
von Nummer Sieben, beide stürzten
und die Neun lief in sie rein.
Jockeys flogen durch die Luft.
Ein Durcheinander von
strampelnden Pferdebeinen.
Die Jockeys rappelten sich
auf; benommen, aber
unverletzt. Die Pferde
wälzten sich in der
Nachmittagssonne.
Für mich war der Tag
bisher nicht gut
gelaufen. Ich schickte
ein Stoßgebet zum Himmel:
Bitte ... bloß keine
gebrochenen Beine.

Nacheinander kamen sie
hoch. Der Neun war
nichts passiert ... der
Sieben nicht ... der Drei
auch nicht. Sie
standen wieder.
Sie mußten nicht ab-
transportiert werden.
Die Jocks brauchten keine

Ambulanz. Was für ein
herrlicher Tag. Was
für ein wundersam
perfekter Tag –
drei Sieger in
einem Rennen.

STANDFOTOS

Ich sehe e. e. cummings
mit einem Rum-und-Tonic
auf der Veranda eines
weißgestrichenen Hauses.

Ezra im St. Elizabeth
wo er Besucher empfängt
um sich zu vergewissern
daß er noch existiert.

Hart Crane auf einem
Ozeandampfer, wo er
literarisch gebildete
Damen abblitzen läßt
und nach dem Kajüten-
jungen lechzt.

Hemingway, der seine
Schrotflinte reinigt
und dabei an seinen
Vater denkt.

Dostojewski, der am
Spieltisch alles an
Jesus verliert.

Carson McCullers, die
ihre schöne Seele
in Whisky ertränkt.

Li Po, den Weinsäufer
wie er lacht über die
vergebliche Mühe
ein Wort ans andere
zu reihen.

Ich sehe Sherwood
Anderson, wie er
an dem verschluckten
Zahnstocher erstickt.

William Saroyan
leergeschrieben in
seinem Haus am
Strand von Malibu
wo er vergebens
darauf wartet, daß
das Glück sich wieder
einstellt.

Timothy Leary, der auf
Parties von Tisch zu
Tisch geht und hofft
daß ihn jemand
erkennt.

Chatterton, wie er
das Rattengift
kauft; Pascal
wie er mit dem
Rasiermesser ins
warme Badewasser
steigt.

Ginsberg, vom heulenden
Derwisch zum maunzenden
Kater geworden, als
Professor in
Brooklyn.

Henry Miller, der längst
nichts mehr schreibt
aber per Annonce in
einer College-Zeitschrift
Sekretärinnen sucht.

Richard Brautigan –
vorbei die Zeit, der er
Ausdruck gab; die Bücher
verkaufen sich nicht
mehr; die Liebesaffären
versauern – ich kann
verstehen, daß er sich
in jener Berghütte
die Kugel gab.

Ich sehe den Zwang
etwas zu schaffen, die
Liebe zum Schreiben, die
Gefahr darin. Ich sehe
daß es oft aufhört
während der Körper
weiterlebt, ohne es
zu wollen.

Dieses Sterben
vor der Zeit.

Tolstoi allein
am Straßenrand.

Alle Tage
für immer
Nacht.

Erfrorene Blumen
in Blut, Urin
und Wein.

HÖR AUF ZU DRÄNGELN, IDIOT

Was für Tage wir manchmal haben.
Platt wie überfahrene Hunde.
Herrgottnochmal. Man möchte
nicht mehr weitermachen.
Vorgestern habe ich in der Zeitung
von einem Mann gelesen, der in ein
Mahlwerk fiel und zu Hackfleisch
wurde.
Da kommen einem doch Zweifel
an den Göttern. Manches sieht
verdächtig nach Absicht aus,
wie am Reißbrett konstruiert.
Schicksal, sagen sie.
Dem Mann war bestimmt, im
Fleischwolf zu enden. Das
war sein Daseinszweck.
Er hat ein bißchen was
machen dürfen, und jetzt
wird er ersetzt. Jemand wird
seinen Job übernehmen. Genau wie
jemand deinen und meinen kriegen
wird, deine Wohnung und meine.
Und die Bäume werden ihr Laub
abwerfen, die Nutten werden unter
der Dusche singen, die Katzen
verschlafen den Tag, das zwanzigste
Jahrhundert klickt ins einundzwanzigste
und jemand wird deine Schuhe

wegwerfen, deinen Gürtel, deine
alten Sachen und deine
neuen dazu. Jemand wirft dir
eine Handvoll Dreck auf den
Sarg und schläft anschließend
in deinem Bett.

Das geht mir durch den Kopf
wenn ich von einem Mann lese
der geschreddert wurde.
Und was ist mit dir?
Was weißt du denn schon.
Geh mir bloß von den
Zehen runter und
mach dich rar!

DIE DENKEN, DAZU KANN
MAN NICHT NEIN SAGEN

Wir hören, du gibst den Leuten
wirklich noch was für ihr
Geld, und bei uns in der Stadt
ist selten was los, deshalb
unser Angebot: Wir fliegen dich
ein, bringen dich in einem
guten Hotel unter, du kannst
soviel trinken wie du
willst, wir mieten einen
Saal, in den ein *Haufen*
Publikum reinpaßt, du wirst
staunen, wie viele hier
schon von dir gehört
haben, wir garantieren dir
ein volles Haus und
25% von den Einnahmen.
Wir *mögen* dich, Mann!
Also – wie wärs, hm?

WIR BASTELN EINEN STAR

Also, zuerst hat er komische
Rollen gespielt, ja? Dann fiel die
Entscheidung, ihn als Charakter-
darsteller aufzubauen. Das kommt
beim Publikum immer an. Wir
fanden es dienlich, ihm ein politisches
Bewußtsein zu verpassen. Ließen ihn
für die richtigen Anliegen eintreten
und lancierten Presseberichte –
daß er eine Frau aus einem brennenden
Wrack gezogen hat; daß er für
wohltätige Einrichtungen große
Summen spendet und darum bittet
daß sein Name nicht genannt wird;
daß er bei Benefizveranstaltungen
auf seine Gage verzichtet; daß er
ein Kind vor dem Ertrinken
gerettet hat; und dies und jenes.
Wir haben uns krumm geschuftet
für sein Image. Und kaum sind wir
soweit, daß es sich bezahlt
macht – was passiert?
Das Arschloch dröhnt sich voll,
macht oberhalb von Malibu mit seinem
Mercedes einen Abflug und
bricht sich das Genick.

Daraus konnten wir nicht viel
machen. Wir sagten, ein paar
Kommunisten, denen er ein
Dorn im Auge war, hätten ihm
das Bremskabel durchgesägt.

Das fand zwar ganz guten
Anklang, aber alles in allem
mußten wir ihn als Verlust
abschreiben.

Jetzt haben wir einen Neuen.
Den haben wir hinter der Theke
einer Fischabteilung aufgetan.
Tom ist das ideale Rohmaterial:
gefällige Visage, sogar mit
ein paar Sommersprossen; große
ausdruckslose Augen; kann
grinsen wie ein Hund.
Er ist ein bißchen verschroben
aber formbar. Aus dem
machen wir was, daß sie denken
sie hätten nur drauf gewartet.

Aber diesmal geben wir der Sache
einen anderen Dreh. Wir bauen ihn
erst als Charakterdarsteller auf
und machen dann einen
Komiker aus ihm.

Bei uns hier rauchen ständig
die Köpfe. Das macht
Hollywood zu dem
was es ist.

DIE GIRLS VON DAMALS

Die Girls, denen wir einst
nachliefen, sind jetzt
Stadtstreicherinnen, oder
eine von ihnen ist die
weißhaarige Vettel, die dir
neulich ihre Krücke ans
Schienbein gehauen hat;
die Girls, denen wir nachliefen
sitzen in Pflegeheimen
auf der Bettpfanne, spielen
Shuffleboard im Park;
sie hechten nicht mehr in die
schäumenden Wellen
reiben sich nicht mehr mit
Sonnenöl ein, drehen sich
nicht mehr vor dem Spiegel;
die Girls, denen wir einst
nachliefen, sind von der
Bildfläche verschwunden –
manche für immer.
Und wir? Im Krieg gefallen,
an Herzinfarkt oder
unerfüllter Sehnsucht
gestorben; die wenigen
Überlebenden reden langsam
und tragen klobige Schuhe;
unsere Träume sind
Fernsehträume; so wenige

von uns, die sich erinnern
an die Girls, denen wir einmal
nachliefen – als immer
die Sonne schien, als das
Leben, so neu und fremd
und wunderbar, in bunten
Kleidern vor uns ging.

Ich weiß es noch.

SPÄTZÜNDER

Bis ich in etwas gut wurde
waren alle schon bei
was anderem.
Vom schlechtesten Baseball-
spieler wurde ich zum
besten, unglaublich schnell
im Außenfeld, enorme Schlag-
kraft auf der Platte, doch
die anderen hatten es
inzwischen mit Bildung
Büchern und ihrer
Zukunft.
Vom Waschlappen entwickelte
ich mich zu einem der besten
Klopper, doch da gabs
keine Gegner mehr.

Bei den Girls brauchte ich
sogar noch länger.
Bis ich zum tauglichen
Liebhaber wurde, waren sie
entweder im Hafen der Ehe
oder hatten ihre Illusionen
verloren. Mir blieb
nur noch der Rest – die
Häßlichen, die Geschiedenen
die Irren und die von der
Straße.

Ich wurde immer erst der
Beste in etwas, wenn es
nicht mehr zählte:
Football, mit dem Auto
um die Wette rasen, Trinken
Pokern, Rumkaspern
Debattieren, Kalauern, im
Knast landen, Durchdrehen
Gewichtheben, Schattenboxen
mit dem Schicksal.

Und jedesmal war ich allein.
Die anderen waren gesetzte
gute Bürger geworden, mit
Kindern, Jobs, Hypotheken
Lebensversicherung und
Schoßhund.

Genau die Sachen, die
mich abschreckten.

Ich war das retardierte Kind
das seine Kindheit verlängern
wollte. Ich wollte weiter
spielen und fand keine
Spielgefährten mehr.

Ich trampte durchs Land
durchstreifte die Boulevards
und Bars, fand nichts und
niemanden. Ich suchte

auf den Schattenseiten
des Lebens und dachte
es könnte sich vielleicht
dort verbergen.
Fehlanzeige.

Aber als Spätzünder
läßt man auch Himmel
und Hölle länger warten.
Ständig versucht man
etwas auf die Spur zu
kommen, etwas zu er-
haschen – eine Ahnung,
etwas Unsichtbares.
Es muß dasein. Ich
kann es spüren.
Ich sehe es manchmal
in den Augen einer müden
alten Kellnerin oder
der Mulde in einem Kissen
auf dem die Katze
geschlafen hat.

Es ist da, und es schlägt
den Tod, die Millionen Füße
in ihren Schuhen, den
Anschein, alles müsse
so sein: Die Städte, die
Gesichter, die Zeitungen
die Gehsteige, die Stopp-
schilder, Kirchen, Fahnen

Kalender, die ganze
heillos verfahrene
Geschichte.

Diese Kindheit auf der
Suche nach mehr.
Der Spätzünder, Klopper
und Trunkenbold von
einst – er ist noch immer
auf der Suche. Ich weiß
es ist da und wartet
wabert und gärt, seit
Jahrhunderten. Ich
habe es endlich im
Visier. Langsam nimmt es
Gestalt an. Kannst du's
nicht beinahe körperlich
spüren?
Ich schon.

EINE LISTE

War Céline verheiratet?
Hatte Hemingway sechs
Katzen?
Warum hat sich Bogart
zu Tode gequalmt?
War Ty Cobb so gefährlich
wie man ihm nachsagt?
Was ist mit Clark Gables
Ohren passiert?
Ist van Gogh auch mal
Schlittschuh gelaufen?
Wo warst du
1929?
Nijinski war ein
klinischer Fall.
Erinnerst du dich an
Admiral Byrd?
Joe Louis war
eine Kobra.
Weißt du noch:
1 Tanz – 10 Cents?
Pearl Harbor?
Mutt and Jeff?
Die Katzenjammer
Kids?
Modellflugzeuge
aus Balsa?

Eine Tüte Bonbons
für sieben Cents?

Der Eismann.
Slapsy Maxy
Rosenbloom.
Strapse.
Tanzmarathons.
Al Jolson.
Mickey Walker.
5 Cents für ein Bier –
dasselbe wie für ein
Telefongespräch.
Die 3-Cent-Briefmarke.
Primo Carnera.
Eine gute Zigarre
für 'n Zehner.
Bull Durham.
Sicherungskästen.
Stangeneis.
Die Handfläche hinhalten
für den Schlag mit dem
Lineal.
Der Penny mit dem
Indianerkopf.

Tom Mix.
Buck Rogers.
Steinharte
Bubblegum-Kugeln
aus dem Automaten.

Die WPA.
Die NRA.
Jack Benny.
Die Hitparade.
Kinos mit Platz-
anweisern.
Eine Zigarettenmarke
namens *Wings*.

Abartig ausstaffierte
Stenze.
Krötenschlucker auf
Rummelplätzen.
Großmütter, die
Apfel im Schlafrock
backten.

Wettbewerbe im
Goldfisch-Schlucken.
Red Grange.
Babe Ruth, der für
eine Vertragsverlängerung
achtzig Riesen verlangte.
Man of War.
Wer hält es am längsten
auf einem Fahnenmast
aus.

Es geht noch
weiter, aber …
Herrgott, wenn du

das alles noch
weißt, mußt du
mindestens so
alt sein wie
ich.

Ich mache mir diese
Liste auf meinem
Macintosh, mit einer
Fifty-fifty-Chance
daß ich noch das
21. Jahrhundert
erlebe. Ich reite
das Pferd nicht mehr
ich wette nur noch
darauf; kann von
Glück sagen, daß ich
noch hier bin und
werde dasselbe sagen
wenn ich es hinter mir
habe. Bis später
in St. Louis. Wenn der
letzte Vorhang gefallen
ist. Auf ein
andermal, Baby.

PARIS

Es war wie im
Niemandsland.
Céline war tot.
Niemand mehr
da.

Paris war ein Mundvoll
blaugraue Luft.
Die Frauen zischten vorbei
als würde man es nie wagen
mit ihnen ins Bett
zu gehen.

Die Armeen waren abgerückt
jeder war reich, niemand
sah arm oder alt aus.

Wenn man sich in ein Café
setzte, erntete man Blicke
von Leuten, die sich für
was Besseres hielten.
Das Essen war so teuer
daß man sich genierte.
Eine Flasche Wein
kostete einen die
linke Hand.

Céline war tot.

Die Dicken pafften Zigarren
und wurden zu bombastischen
Qualmwolken. Die Dünnen
saßen kerzengerade und
redeten nur mit anderen
Dünnen. Die Kellner
hatten große Füße und
waren überzeugt, daß sie
wichtiger waren als
jeder und alles.

Céline war tot.
Und Picasso war
kurz davor.

Paris war ein Druck auf
die Leertaste.

Ach ja, einen Hund habe ich
gesehen, der aussah wie ein
weißer Wolf.

Ich erinnere mich nicht mehr
wie ich Paris verlassen habe.
Aber ich muß wohl dort
gewesen sein.

Es war wie eine liegen-
gebliebene Modezeitschrift
in einem Wartesaal.

DIE GUTE SEELE

Nicht genug, daß er einer
der reichsten Fernsehmenschen
ist, er muß auch noch extra
auf dem Bildschirm erscheinen
und sich darüber beklagen
daß andere Programme
unanständig sind, obszöne
Worte und Gesten zulassen
und gesellschaftskritische
Elemente, die besser
aufschauen sollten
zu etwas, das sie
läutert und inspiriert.

Seine Serie ist voll
von niedlichen Kindern,
gut angezogen, gut ernährt
und beaufsichtigt von einem
sehr verständnisvollen Vater
und einer Mutter, die ihren
Mann besser versteht als
er sich selbst.
Sie wohnen in einem
luxuriösen Heim und
manchmal haben sie kleine
ausgedachte Streitigkeiten
aber schon liegen sie sich
wieder in den Armen und

sind leuchtende Embleme
für liebe- und verständnis-
volles Zusammensein.

Alles was ich dazu
sagen kann
ist:
shit, fuck, bullshit.
Komm her und
schluck
das.

VERKEHRSBERICHT

Auf den Freeways von
Los Angeles geht es
wieder zu wie im
Wilden Westen.
Viele Fahrer sind
bewaffnet. Wenn man
einen ausmanövriert
kommt er im nächsten
Moment längsseits
und ballert los.
Das Leben hier draußen
ist für viele von uns
ein Messer, an dem
man sich nur noch
schneidet. Der
kleinste Schlenker
wird zur finalen
Herausforderung.
Viele warten nur
darauf; viele hoffen
sogar darauf.
Aber das hat auch
sein Gutes – es wird
rücksichtsvoller
gefahren. Wer
möchte schon eine Kugel
aus einer Kaliber-32
riskieren, nur um im

Stoßverkehr drei Wagen-
längen gutzumachen?
Ohne mich.
Ich bin am Steuer so
höflich, daß eine Nonne
das Kotzen kriegen
könnte. Nee, du. Da
sterbe ich doch lieber
von eigener Hand.

HÄNDE

Ich sehe meine Hände an
und sie kommen mir
auf einmal groß vor.
Dabei habe ich nicht mal
was getrunken ...

Mein Leben lang habe ich
unter zu kleinen Händen
gelitten. Wenn es
darum ging, sich zu
prügeln, eine Axt
zu schwingen, einen
zu würgen oder so was
in der Art – immer
war ich im Nachteil.

Jetzt sind sie
auf einmal groß
und während ich sie
ansehe, werden sie
noch größer. Da –
wieder ein Stück ...

Fabelhaft. Jetzt
kann ich es so einem
Typ mal richtig
besorgen.

Ich beschließe
mit meinen neuen
Händen nach unten
zu gehn und sie meiner
Frau zu zeigen.

»Da, schau doch
mal«, werde ich
sagen und sie
ihr hinhalten.

Und sie wird sagen:
»Ja? Was denn?«

Ich entscheide mich
dagegen.

Ich bleibe sitzen
und sehe einfach
meine Hände an.

Das ist einer
meiner besseren
Abende geworden.

Gestern war ich
noch ganz
deprimiert.

ENDSTAND

Auf der Rennbahn las ich
heute, daß Kosinski sich
in der Badewanne mit einer
Plastiktüte erstickt hat.
Ungesund gelebt, vermutet
man. Aber Verlust von
Rang und literarischem Ruhm
kann für manche auch sehr
ungesund sein. Plus:
Machtspielchen auf Verleger-
parties und die Andeutung
er habe seine Bücher
nicht allein geschrieben.
Er hatte Freunde bei der
New York Times, Feinde
bei der *Village Voice*.
Den Holocaust überlebt
aber mit den Kritikern
hat er nicht leben können.
Plastiktüte überm Kopf
in der vollen Badewanne.
Was Hitler nicht
gelungen ist
hat er selbst
besorgt.
Gute Reise.

MÜLLEIMER

Na toll, da habe ich
zwei Gedichte geschrieben
die mir nicht gefallen.

Mein Computer hat einen
Mülleimer. Also habe ich
die zwei einfach rüber
bugsiert und darin
versenkt.

Sie sind für immer
entsorgt. Kein
zerknülltes Papier
kein Laut, keine Wut
keine Nachgeburt.
Ein aufgeräumter
Bildschirm.

Besser, man macht es
selbst, als daß es
ein Verleger tut.

Vor allem in einer
verregneten Nacht wie
heute, mit schlechter
Musik aus dem Radio.
Ich weiß, was ihr
jetzt denkt:

Vielleicht hätte er
das hier gleich
hinterherschmeißen
sollen.

Haa, haa.

EIN GEWITTER

Endlich mal ein Gewitter in dieser
elenden Wüste namens L. A.
Sogar ein Stromausfall im Viertel.
Die meisten schlafen. Aber nicht
die Säufer. Die schütten sich
wie ich einfach das nächste
Glas rein.
1.42 Uhr. Das Licht ist
wieder an, das Radio spielt
weiter Brahms, und ich denke
an Turgenjew, einfach so, weil mir
der Name gefällt. Es gibt
gute Namen: Mozart, Céline, Artaud,
Bach. Sie haben einen Klang
der sich hält. Na jedenfalls
es gießt in Strömen und Joe Louis
ist tot, Ty Cobb auch, und es ist
lange her, seit die beiden Waners
das Outfield in Pittsburgh
beherrschten, und was ist
eigentlich mit den Hustendrops
von Smith Brothers geworden?
Die habe ich immer wie Karamel-
bonbons gefuttert.
Regen, Regen. Wurde auch
langsam Zeit.
Ich futterte Hustendrops und hatte
einen Morse-Apparat, kannte auch

die Zeichen und sendete jahrelang
SOS, aber es kam nie Hilfe.

Turgenjew. Ich wollte
ich hieße Turgenjew:
Hallo, ich bin Iwan Turgenjew
und es regnet und ich schreibe
über den Regen, es regnet viel
in Rußland und die Nächte sind
schwarz und die Tage genauso
und meine Freundin erzählt mir
sie hätte beobachtet, daß unser
Staatsoberhaupt dreieckige Augen-
brauen hat, wenn er sie hochzieht.
»Aha«, sage ich, »interessant ...«
Mein Name ist Turgenjew und der
Regen fällt und wir haben ihn
auch dringend nötig.
Neulich habe ich Gorki getroffen
und er sagte, Regen wäre auch nur
so ein plumper kapitalistischer
Trick. Ganz schön irre, der
Kerl.

So, jetzt ist es 1.58 Uhr
und ich bin müde.

Tut gut, im Regen zu schlafen;
es hilft mir, manches zu
vergessen, z. B. daß ich sterben
werde und du und die Katzen auch;

es tut gut, sich auszustrecken und
zu wissen, daß man Arme, Beine und
Hände hat, einen Kopf, alles noch
dran, sogar Augen, die man noch einmal
schließen kann; es hilft, diese
Gewißheit zu haben, seine Vorteile
und Grenzen zu kennen, aber warum
müssen die Katzen sterben, ich finde
die Welt sollte voller Katzen und
Regen sein, einfach nur Katzen und
Regen. Na schön. Gute Nacht.

GEWISSE PARALLELEN

Wieder ein Drei-Seiten-Gedicht
an den Computer verloren.
Weißt du, das erinnert mich
an früher: Du stehst
auf, die Alte bleibt im Bett
und eh du zu deinem Job im
Lagerhaus gehst, sagst du:
»Baby, wirst du noch dasein
wenn ich wiederkomme?«
»Klar, Hank, ich liebe dich ...«

Am Abend kommst du rein –
das Bett ist leer. Sie hat
sich verdrückt, kaum daß du
weggefahren warst. Nicht mal
den Aschenbecher hat sie
geleert.

Na, bist du eben reingefallen.
Aber deshalb gibst du die
Frauen noch nicht auf. Die
nächste ist vielleicht
besser.

Also dieses Gedicht kann das
verschwundene nicht ersetzen
aber es ist ein guter
Versuch. Besser als
gar nichts.

Wer weiß.

WENN ICH NUR DARAN DENKE

Die Zeiten sind vorbei, aber
wenn ich an die Pferderennen
in den fünfziger Jahren denke –
da belagerten sie noch die
Theken, sie lachten und
klopften Sprüche, es kam zu
Schlägereien, an Wochenenden
waren es oft 60 000, jeder
schien Geld zu haben und
selbst die Angestellten an den
Wettschaltern waren happy; gut
aussehende Nutten überall, und
Willie Shoemaker war ein junger
Spund, sogar Johnny Longden war
noch jung und Ralph Neves paffte
Zigaretten im Führring, man
konnte George Raft sehen, es gab
damals nur acht Rennen pro
Veranstaltung, in der Luft lag
das Gefühl, man könnte ans große
Geld kommen, und wenn nicht, ach
was, am nächsten Tag liefen sie ja
wieder. Und immer hatte man eine
Frau dabei. Wenn nicht, dann
spätestens am Abend.

Zocken und trinken. Mach einen
drauf und denk nicht an morgen.
Das waren die fünfziger Jahre.

Heute kommst du raus und die
Tribünen sind entvölkert, es
ist wie in einer Klapsmühle,
keiner lacht, das Geld für die
Miete wird gesetzt, die Frauen
sind alt und weißhaarig, hocken
in Gruppen beisammen, wetten
zwei Dollar auf Sieg. Sie
haben Angst und allen
Grund dazu.

Die Jungs hinter den Theken
haben nichts mehr zu tun.

Das Management versucht
die Leute mit Werbegeschenken
zu locken und bietet ihnen
exotische Wetten an, aber sie
kommen nicht; und die, die
da sind, werden nach jedem
Rennen weniger. Es gibt jetzt
neun Rennen, aber wozu? Es
ist kein Geld mehr da.
Die Rennbahn ist eine schlecht
besuchte Beerdigung, der
Abschied, das Ende.

Die Sonne dringt kaum noch
durch die verdreckte Luft.
Es wird früh dunkel.

Langsam, mit Unglücks-
mienen, erledigt
bewegen sie sich zu
den Ausgängen. Ein
Leichenzug: Die
neunziger Jahre.

Die Fünfziger, das
war mal was vor
Jahrhunderten.

Keiner lacht mehr.
Das Morgen ist viel
zu nah. Das letzte
Rennen geht ab.

DER SELTSAME STAMMGAST

Ein bißchen benommen, weil ihn
das Leben nur noch mit Backsteinen
aus Scheiße eindeckte, ging er
auf einen Kurzen in Biff's Bar
und blieb fünf Jahre.
Halbherzig schlug er sich
grade so mit List und Tücke
durch, flog aus einem Zimmer
nach dem anderen raus, hatte
im Umkreis von vier Blocks
bald neun Stück durchgemacht.
Sie waren alle gleich –
klein, schmuddelig, düster.
Er lebte von Brot, ganz selten
mit Erdnußbutter oder einer
Scheibe Wurst darauf.
In der Kneipe trank er Bier.
Whisky oder Wodka nur, wenn
ihm einer spendiert wurde.
Gin gab ihm nicht viel
war ihm aber auch recht.

Niemand wußte, woher er kam
und was er wollte. Sie
akzeptierten ihn; er gehörte
irgendwie zum Inventar. Für
die Frauen war er Luft.

Er war nicht verbittert
nicht zornig, nicht einmal
unzufrieden. Er war
einfach da.

Nach fünf Jahren ging er
eines Tages raus, und
keiner sah ihn wieder.

Jetzt hat er ein geräumiges
Haus, ein neues Auto, ein
Jacuzzi. Einen Garten mit
Pool. Eine Frau.
In den großen Zeitungen
steht manchmal was
über ihn. Er
trinkt auch noch, aber
mäßig. Bier, Wein;
ab und zu einen Wodka.

Er trinkt allein
in einem Zimmer im
Obergeschoß, wo er
vor einem teuren
Computer sitzt.

Den wenigen, die ihn
von früher kennen, ist es
ein Rätsel.

Er weiß, es ist nur
ein Spielchen, das sich
die Götter leisten.

Er fühlt sich kein
bißchen anders.
Er ist nicht weniger
und nicht mehr als
damals.

Er trinkt, tippt was
in den Computer, wartet
auf den Tod wie
eh und je.

Hart, aber fair.

Und sehr, sehr
seltsam.

OHNE ZÄHNEPUTZEN UND ALLES

Wir sitzen beisammen, reden
in den Abend hinein, es ist
als wollten sie mir verbieten
mich gut zu fühlen, leere
Wein- und Bierflaschen sammeln
sich an, die Aschenbecher
quellen über; alte Witze
werden noch mal erzählt, jemand
fühlt sich religiös gekränkt,
Politisches hinkt in die Runde
und wieder hinaus, der Tod
kommt in genagelten Arbeits-
schuhen durch und tritt Löcher
in die Luft, jemand beklagt eine
Pechsträhne, vergessene Filme
werden erörtert, die besser
unerwähnt blieben; immerhin –
keine Rede von Literatur und
Malerei, vom Aktienmarkt oder
dem Lebenszyklus des
Fadenwurms.

Jeder triezt jeden, aber auf die
nette gutmütige Art; manche
senken den Kopf, andere
lachen darüber. Ein Abend
mit Freunden und Verwandten.
Er zieht sich in die Länge.

Wir spielen ein bißchen Krieg
und werfen mit Dreck nach
den Parzen.
Nach und nach werden sie
das absurde Spiel leid
und gehen.
Wir sind wieder allein.
Nach einer Weile geht sie
nach oben. Jetzt habe ich
nur noch mich. So
wie am Anfang.

Ich sitze da und zünde mir
Zigarren an. Da war doch
noch was ... aber ich komme
nicht mehr darauf. Ich knipse
die Stehlampe aus und sitze
im Dunkeln. Durch die gläserne
Verandatür sehe ich eine
merkwürdige Kreatur ohne
Kopf. Sie reckt sich, legt
die Pranken ans Glas, lehnt
sich dagegen. Sie hat Augen
im Bauch. Das eine schimmert
golden, das andere ist
rot und grün.

Ich gehe die Treppe hoch
und lege mich zu meiner
friedlich schnarchenden
Frau ins Bett.

Die Nacht ist vorüber.
Ich lebe noch.
Die Amsel frißt den
Wurm, der Hafen füllt
sich mit Nebel, der
Morgen spült ans
Fenster. Ich bin
ein alter Witz.
Und schlafe
ein.

DIE GROSSE SHOW

Als ich meinen Freund im
Motion Picture Hospital
besuchte, war es voll von
Schauspielern, verwachsenen
Freaks, Regisseuren, Kulissen-
schiebern, Kameraleuten, Ton-
meistern und Drehbuchautoren.
Manche waren nur krank, mit
anderen ging es zu Ende, aber
es war nicht wie sonst in
einem Krankenhaus, das Düstere
und Bedrückende fehlte, es war
als wären sie noch immer am
Set und erwarteten das Kommando
»LICHT! KAMERA! ACTION!«
So schlecht die meisten Hollywood-
filme waren und sind – das hier
hatte noch einen Hauch von
Mumm und Drama.

In der Cafeteria agierten alle
wie auf Stichwort. Selbst die
im Rollstuhl machten dramatische
Gesten, sprachen wie Senatoren.
Sie hatten blitzende blaue Augen
sauber gestutzte weiße Bärte und
eine prima Aussprache. Es
wurde herumgeflachst wie in

einer Shakespeare-Truppe
nach der Aufführung.

Zwerge saßen an Tischen und
aßen Blaubeerkuchen, alte
Drehbuchschreiber, die alle wie
Faulkner aussahen, erzählten
sich von ihren Trinkgelagen
bei Musso & Frank's, alte
Divas mümmelten zahnlos
ein weiches Toastbrot und
spießten ein Stück
Pfirsich auf.

Fast alle Zimmer waren
Einzelzimmer und hatten
eine Ausstattung, die
hoffnungsfroh stimmen
sollte. Die Schwestern
rackerten sich ab, die
Ärzte waren nett und
aufmerksam – gute
Schauspieler in einer
schlechten Szene.

Und mein Freund, der im
Sterben lag, sprach nicht
vom Tod, sondern von der
Idee für seinen nächsten
Roman.

Er erzählte auch von den
Verrückten, den Genies und
Möchtegern-Genies, die hier
Narrenfreiheit genossen.
»Wir haben einen der ersten
Tarzans hier«, sagte er.
»Manchmal rennt der durch
die Flure, läßt den Tarzan-
schrei los und sucht
seine Jane.«

»Die lassen ihn frei
rumlaufen?«

»Aber ja. Er tut keinem
was. Wir haben ihn ganz
gern.«

Jeder Besuch in diesem Hospital
war Kino und Geisterstunde in
einem. Der Tod war da, aber
auch er spielte vor der Kamera
mit, wie früher in ihren
Filmen. Alle waren auf die
letzte Szene gut vorbereitet.
Sie hatten sie ja schon
so oft gespielt.

Dann starb mein Freund
und einen Monat danach
las ich in der Zeitung

eine kleine Meldung:
Auch der Tarzan war
gestorben.
Vielleicht ist er jetzt
bei seiner Jane.
Ab und zu gibts doch
noch ein Happy-End.

Und die Bücher meines
toten Freundes sind
inzwischen im In- und
Ausland ein großer
Überraschungserfolg.

Gut, das ist nur ein
halbes Happy-End, aber
wenigstens muß seine Witwe
in Malibu nicht als Baby-
sitter arbeiten, um sich
Rührei mit Schinken
leisten zu können.

NACHRUF AUF JOHN FANTE

Fante in Hollywood
Fante auf dem Golfplatz
Fante am Spieltisch
Fante leistet sich ein
Haus in Malibu
Fante als Duzfreund von
William Saroyan.
Aber am liebsten, Fante,
denke ich an dich
in den dreißiger Jahren
in jenem Hotel am
Angel's Flight
als du unbedingt
Schriftsteller werden
wolltest und den alten
Mencken mit Stories und
Briefen bombardiert hast.
Da wars noch ein Schrei
von tief drinnen.
Ich hörte es damals
und höre es noch.
Und weigere mich, an
dich zu denken als golf-
spielenden Hollywood-
Drehbuchschreiber.

Spielt jetzt eh keine
Rolle mehr. Du bist

tot. Aber es bleiben
deine guten Sachen und
wie du mir geholfen hast
meine Schreibe so hin-
zukriegen wie ich sie
wollte.

Ich bin froh, daß wir uns
noch treffen konnten
obwohl du schon todkrank
warst.

»Sag mal, John, was wurde
eigentlich mit der
Mexikanerin in
Ask the Dust?«

»Bei der hat sich raus-
gestellt, daß sie ne
gottverdammte Lesbe
war!«

Und dann kam die
Schwester mit deiner
großen weißen
Tablette.

AUGUST 1993

Langsam, langsam, du hast gerade
wieder einen Kampf überstanden;
du kannst nicht auch noch die
Berge überdauern; mach langsam.
Sie wollen, daß du es
noch mal für sie tust –
laß sie warten.
Setz dich in den Schatten.
Komm wieder zu Kräften.
Du wirst wissen, wann es
soweit ist. Dann
gehst du wieder rein und
stemmst dich *noch mal*
dagegen. Für dich
und für sie.
Aber erst mußt du
dich schonen. Laß sie
warten, laß sie ihre
Neuzugänge verarzten
und ihre alten.
Ein, zwei Tage
brauchst du allein
um die Seele wieder
anzuspitzen.
D. H. Lawrence-Nachmittage
zum Sinnieren, ohne Galopp-
rennen.
Nächte, in denen Musik

durch die Wände sickert.
Warten. Wird die Batterie
sich noch einmal
aufladen?

WEITERMACHEN

Alt genug, um mehrere Tode
gestorben zu sein (und ein
paarmal war ich auch nahe
dran) fahre ich in der Sonne
über den Freeway, an Watts vorbei
zur Rennbahn, wo mich die Park-
wächter und die Jungs von den
Wettschaltern mit Blumengirlanden
überhäufen – ich habe die Pause
vor dem Finale erreicht, und sie
feiern; sie finden es angebracht.
Na schön, was soll's.
Die Haare, die ich der Chemo-
therapie opfern mußte, wachsen
langsam nach, aber meine Füße
sind taub, und ich muß mich
konzentrieren, um das Gleich-
gewicht zu halten.
Alt, gebeutelt und zerschrammt
wie ich bin, habe ich trotzdem
noch Glück mit den Pferden.
Alle sind sich einig, daß ich
noch so manche Rennsaison
vor mir habe.
Man würde nie für möglich halten
daß auch ich einmal ein junger
Mensch war, mit einem straffen
kantigen Gesicht und einem

irre finsteren Blick.
Egal. Ich sitze an meinem
Tisch und albere mit den
Kellnern herum. Wir wissen
daß das Spiel gezinkt ist.
Herrgott, ist das nicht zum
Lachen – sieh uns nur an:
Zum Abschuß freigegeben.
»Was nehmen Sie?« fragt
mein Kellner.
»Ach«, sage ich und lese
ihm etwas von der Speise-
karte vor.
»Okay.« Er geht.
Zwischen dem Erdbeben
dem Vulkan und dem
Sprung des Leoparden.

HEUTE ABEND

Ich sitze auf dem Balkon
und trinke – Quellwasser.
Am Hang hinunter die
abgestufte Reihe der hohen
Palmen mit ihren dunklen
Wedeln. Ich sehe die Lichter
der Stadt. Mehrerer
Städte.

Rechts von mir, in Reichweite,
eine Starkstromleitung. Ich
brauche sie nur anzufassen.
Wer will, kann hier sehr schnell
weg vom Fenster sein.
Ich behalte die Flasche
in der Hand.
Der Himmel ist bedeckt.
Ich höre ein Flugzeug. Wir
können einander nicht
sehen. Ich kann es
nicht runterpflücken, aber
mit einer Handbewegung
schräg nach oben
könnte ich es
überholen.

Ein kühler Abend im
Spätsommer. In der Hölle

regt sich was und dehnt
die Muskeln. Ich sitze
auf diesem Stuhl. Meine
sechs Katzen sind
im Haus.

Alles wird noch viel
schlimmer werden.
Und viel besser.

Ich warte darauf.

LEHRE VOM ZERFALL

Sitze nackt hinter dem
Haus, acht Uhr früh, und
reibe mich mit Sesam-
öl ein. Meine Güte – so weit
ist es schon mit mir
gekommen?
In dunklen Gassen hinter
Kneipen habe ich mich einst
herumgeprügelt, nur so
zum Spaß.
Jetzt ist mir der
Spaß vergangen.
Ich klatsche mir das
Öl drauf und frage mich:
Wie viele Jahre willst
du denn noch?
Wie viele Tage?
Mein Blut ist verpestet
und ein schwarzer Engel
sitzt in meinem Hirn.
Alles ist aus etwas
gemacht und wird zu
nichts.
Ich begreife den Untergang
von Städten, von Nationen.
Ein Sportflugzeug über
dem Haus.
Ich schaue hoch

als hätte es noch
einen Sinn.
Wahrhaftig, der Himmel
ist vermodert.
Wir haben alle
nicht mehr lange.

DER TAG

Irgendwann wird jeder
schwach, gibt nach, will
am liebsten das Handtuch
werfen.
Die schlechten Tage
kommen, und es werden
immer mehr.
Wir sitzen da, warten
ab; denken, es geht
vorbei.
Aber der Tag kommt
da geht es nicht mehr
vorbei, sondern
bleibt.
Du wirst in einem
Gartenstuhl sitzen
und die dicke Luft
atmen.
Ein alter Kater wird
sich vor deine Füße
legen und mit dir
warten.
Manchmal kommt der
Tod langsam. Manchmal
viel zu langsam.

Du wirst dich runter-
beugen, den Kater
kraulen und noch einmal
an die verrückten
trunkenen Jahre denken.

Charles Bukowsky
Kamikaze-Träume

Gedichte
Titel der Originalausgaben: *The Roominghouse Madrigals. Early Selected Poems 1946 – 1966 und Septuagenarian Stew. Stories and Poems.*
Deutsch von Carl Weissner
KiWi 360
Originalausgabe

Letzter Drink

Wie immer so spät in der Nacht
komme ich zum letzten Glas und
betrachte es mit besonders innigen
Gefühlen.
Meistens ist mir auf der Schreib-
maschine einiges geglückt
und das letzte Glas ist reserviert
für einen Toast auf die Götter
die mir das Glück gönnen.

Und heute nacht, ich meine
in diesen frühen Morgenstunden
kam mir zum ersten Mal der
Gedanke: Letztes Glas? Und
wie stehts mit letzten
für immer?
Es wird dazu kommen.
Die Drinks läuten uns allen
heim!

KiWi Paperbacks
bei Kiepenheuer
& Witsch

Nick Hornby
About a Boy

Roman
Titel der Originalausgabe: *About a Boy*
Deutsch von Clara Drechsler und Harald Hellmann
Gebunden

Ein Roman über Singles, Väter, Mütter und Kinder, denen das Leben machmal hart zusetzt und die sich trotzdem nicht unterkriegen lassen. Hornbys entwaffnender Humor und seine immer wieder durchscheinende Liebe zur Popkultur machen „About a Boy" zu einem großen Lesevergnügen.

„Der Brite Nick Hornby ist der Schriftsteller, auf den alle gewartet haben. Er schreibt die Geschichten nieder, die das Leben schrieb, und er bedient sich dazu einer Sprache, die das Leben halt so spricht, wenn man es läßt." *FAZ*

„About a Boy wird Hornbys zahllose Fans glücklich machen." *The Sunday Times*

VERLAG
KIEPENHEUER
& WITSCH

Nick Hornby
Fever Pitch

Roman
Titel der Originalausgabe: *Fever Pitch*
Deutsch von Clara Drechsler und Harald Hellmann
KiWi 409

„Ein brillantes Buch von einem der besten Schriftsteller
weit und breit - mehr als ein Buch über Fußball."

Sunday Times

KiWi Paperbacks
bei Kiepenheuer
& Witsch

Nick Hornby
High Fidelity

Roman
Titel der Originalausgabe: *High Fidelity*
Deutsch von Clara Drechsler und Harald Hellmann
Gebunden

Ein ebenso komischer wie trauriger, verspielter wie weiser
Roman über die Liebe, das Leben - und die Popmusik.
Nick Hornby schildert mit entwaffnendem Charme scharf-
sinnig und direkt das Lebensgefühl seiner Generation, er
trifft seine Leser mitten ins Herz und in den Kopf.

„Ich kann mir nicht vorstellen, mit jemandem befreundet
zu sein, der dieses Buch nicht liebt." *Daily Telegraph*

„High Fidelity zu lesen, ist wie einer guten Single zuzu-
hören. Du weißt, es ist von der ersten Minute an wunder-
schön, und sobald es vorbei ist, willst du es von vorn an-
hören." *Guardian*

„Ein Triumph, bewegend, wahnsinnig komisch, unglaub-
lich authentisch." *Financial Times*

VERLAG
KIEPENHEUER
& WITSCH

Irvine Welsh
Ecstasy

Roman
Titel der Originalausgabe: *Ecstasy*
Deutsch von Clara Drechsler und Harald Hellmann
KiWi 442
Deutsche Erstausgabe

Das neue Buch des Kultautors von „Trainspotting": Drei wilde, radikale Geschichten über die Liebe oder das, was man dafür hält. „Ecstasy" führt den Leser an Orte, wo das Herz flattert und der Puls rast ...

„Er ist das Beste, was der britischen Literatur in den letzten Jahrzehnten passiert ist" schreibt die *Sunday Times* über Irvine Welsh, den „Dichterfürsten der Drogengeneration." *The Face*

KiWi Paperbacks
bei Kiepenheuer
& Witsch

Irvine Welsh
Der Durchblicker

Novelle
Titel der Originalausgabe: *A Smart Cunt*
Deutsch von Clara Drechsler und Harald Hellmann
KiWi 453
Deutsche Erstausgabe

Neuer Stoff von Irvine Welsh, dem Bestsellerautor von
„Trainspotting" und „Ecstasy": Das Leben als Radikalkur:
Brian ist umgeben von Nix-blickern. Er schlägt sich so
durch. Doch ein Ausrutscher nur, und schon steht alles auf
der Kippe ...

KiWi Paperbacks
bei Kiepenheuer
& Witsch

Irvine Welsh
The Acid House

Roman
Titel der Originalausgabe: *The Acid House*
Deutsch von Clara Drechsler und Harald Hellmann
KiWi 533
Deutsche Erstausgabe

Irvine Welsh erzählt mit bitterbösem Humor von den Abgründen und Sehnsüchten der Johnnys und Marys unserer Tage – auch wenn es in seinen Geschichten nicht immer mit rechten Dingen zuzugehen scheint: Als der 23jährige Boab an ein und demselben Tag aus seiner Fußballmannschaft und aus dem Elternhaus geschmissen wird, dann auch noch Freundin und Job verliert, trifft er Gott auf der Straße... Surreal, spacig und ganz schön abgedreht – wie die Stories in Robert Altmans »Shortcuts« oder in Tom Twykers »Lola rennt« entwerfen die von der Kritik hymnisch gefeierten Geschichten in »The Acid House« ein Kaleidoskop des menschlichen Lebens ganz eigener Art.

KiWi Paperbacks bei Kiepenheuer & Witsch